民國文化與文學 研究文叢

三 編
李 怡 主編

第 19 冊

美術視野中的魯迅文學創作

孫 偉 著

國家圖書館出版品預行編目資料

美術視野中的魯迅文學創作／孫偉 著 -- 初版 -- 新北市：花木
蘭文化出版社，2014〔民 103〕
目 2+142 面；19×26 公分
（民國文化與文學研究文叢 三編；第 19 冊）
ISBN 978-986-322-791-5（精裝）
1. 周樹人 2. 學術思想 3. 文藝評論
541.26208   1030127555

ISBN-978-986-322-791-5

9 789863 227915

民國文化與文學研究文叢
三　編　第十九冊　　　　　　　　ISBN：978-986-322-791-5

美術視野中的魯迅文學創作

作　者　孫　偉
主　編　李　怡
企　劃　四川大學現代中國文化與文學研究中心
　　　　民國文學與海外漢學研究中心（籌）
　　　　北京師範大學民國歷史文化與文學研究中心
總　編　輯　杜潔祥
副總編輯　楊嘉樂
編　輯　許郁翎
出　版　花木蘭文化出版社
社　長　高小娟
聯絡地址　235 新北市中和區中安街七二號十三樓
　　　　　電話：02-2923-1455／傳眞：02-2923-1452
網　址　http://www.huamulan.tw 信箱 hml 810518@gmail.com
印　刷　普羅文化出版廣告事業
初　版　2014 年 9 月
定　價　三編 20 冊（精裝）新台幣 35,000 元　　　版權所有·請勿翻印

美術視野中的魯迅文學創作

孫 偉 著

作者簡介

孫偉，1983 年生於山東曹縣，文學博士。現為四川大學文學與新聞學院博士後。主要從事魯迅和革命文學研究。曾在《魯迅研究月刊》、《齊魯學刊》、《創作與評論》等刊物發表論文多篇。

提　　要

　　魯迅在從事文學創作之前，接觸的美術主要有民間美術、浮世繪、漢畫像和文人畫。這為他的文學世界的營造，積累了豐富的藝術素養，並在具體的創作中發揮著作用。論著在詳細考察魯迅所接觸到的上述四種美術作品的基礎上，以《吶喊》、《彷徨》、《故事新編》、《野草》和《朝花夕拾》五部創作集作為主要考察對象，具體分析其所受的影響。

　　民間美術與當地的民俗文化緊密相關，貼近普通人的現實生活，有著強烈的生活氣息。魯迅從童年起，對繡相、小說裏的插畫、畫譜、年畫和戲曲中的美術因素有濃厚的興趣。由於民俗社會生活是民間美術的源泉，民間美術成為魯迅深入瞭解底層民眾真實生活的重要渠道，並藉以對中國的國民性進行研究。這使得魯迅的文學創作植根於深厚堅實的生活基礎上，言無虛發，直擊標的。民間美術在塑造形象時，不按照某一具體事物進行逼真再現，而是根據以往生活體驗的記憶進行創作，反映的是個人對自然和社會的總體印象和感受，這種「意象造型」在魯迅的文學創作中普遍存在。它的特點是具有高度的概括性，綜合運用誇張、變形等手法，突出對象的主要特徵。民間美術以線描作為最基本的造型手段，主要使用黑白兩色，所形成的造型簡潔、對比強烈的風格，在魯迅的作品裏也有具體表現。

　　浮世繪雖然受到了明清版畫的深刻影響，但有著自身不可替代的特徵。它反映著江戶時代的世俗風情和審美時尚，更凝聚著日本特有的對自然的態度和對生命的理解，其中所流露出來的「人生苦短，須及時行樂」的官能主義和享樂主義，是其風靡世界的原因所在。魯迅喜歡浮世繪，除了觀風俗，可能更在於賞鑒玩味其中所表現出來的對自然的親近、對人本身情慾的肯定和對生命自由的向往。

　　漢畫像是和當時流行的喪葬禮俗緊密聯繫在一起的藝術，題材包羅萬象，風格深沉雄大。魯迅採取漢畫像中積極壯美的圖景，為《故事新編》注入了遠古時的原初生氣，而這種墓葬藝術中獰厲驚悚的元素則影響著《野草》的寫作。魯迅作品中的蛇、狼、烏鴉和貓頭鷹等獨特意象，與漢畫像中或獨立存在、或作為裝飾的四靈等祥瑞之獸，不僅存在著形體上的相似，精神氣質也有共同之處。

　　魯迅購有其畫冊的 94 位文人畫家中，出現在 1928 年之前的有 53 位。這些畫家遍佈歷史的各個時期。他與當時最為重要的文人畫家——陳師曾往來密切，藏有其畫作多幅。魯迅曾主動向陳師曾、戴蘆舲和袁匋庵等索畫，並將藏畫當作禮物送給內山完造和增田涉等朋友。他基於改良人生的功利性需求，對文人畫高蹈虛空的內容不滿，但在審美的層次上，對氣韻生動的文人畫還是喜愛的。面對浩如煙海的文人畫，魯迅有自己偏愛的審美類型。就題材而言，他比較關注人物畫，其次是花鳥畫，最後才是山水畫；依風格而論，他喜歡那些拒絕因襲傳統，大膽創新的畫家。文人畫影響著魯迅文學作品中的景物描寫，在充分重視形似的基礎上，追求神的傳達。白描和畫眼睛等方法技巧，在魯迅的作品中都有著體現。

「民國熱」與民國文學研究
——第三輯引言

李　怡

　　經過多學界多年的倡導和努力，「民國文學」的概念在越來越大的範圍內獲得了人們的理解和接受，從民國歷史文化的角度闡述文學現象也正在成為重新定位「現代文學」的重要思路，從某種意義上看，這可以說是近年來中國文學研究的一大動向。當然，面對我們業已熟悉的一套概念、思路和批評方式，「民國文學」的價值、意義和研究方式也依然需要更多的學者共同參與，並貢獻自己的創造性思想，在更獨特更具規模的「民國文學史」問世之前，種種的疑問是不可避免的。其中之一，就是困惑於社會上越來越強烈的「民國熱」：在不無喧鬧、魚龍混雜的「民國消費」的浪潮中，所謂的「民國文學研究」又意味著什麼？它根源於何方？試圖通往何處？如何才能將流俗的迷亂與學術的理性劃分開來？

　　在這個意義上，釐清當前中國社會的「民國熱」與學術研究的「民國文學」思潮之相互關係，也就成了一件極有必要的事情。

作為當代大眾文化的民國熱

　　民國熱，這個概念的所指本身並不明確：一種思想潮流？一種社會時尚？一種消費傾向？我們只能先這樣描述，就目前一般報章雜誌的議論而言，主要還是指由媒體與出版界渲染之後，又部分轉入社會時尚追求與大眾想像的「趣味的熱潮」。

　　在一個相當長的時期內，「民國」這一概念通常被另外一個色彩鮮明的詞語代替：舊中國，它指涉的就是那一段早已經葬身歷史墳墓的「軍閥當道，

萬馬齊喑，民不聊生」的時代，因早已結束而記憶發黃，因過於黑暗而不願詳述。而所謂的「民國熱」就是對這些固化概念的反動，重新生發出瞭解、談論這段歷史的欲望，並且還不是一般的興趣，簡直引發了全社會範圍內的廣泛而強烈的熱潮。據說，當代中國的「民國熱」要追溯到 2005 年。餘世存的《非常道》、美籍華人學者唐德剛的《袁氏當國》、張鳴的《歷史的壞脾氣》相繼出版，一反過去人們對「民國」的刻板印象，種種新鮮的歷史細節和「同情之理解」，喚起了中國人對原本早已塵封的這段「舊中國」歷史的新的興味。接下來的幾年中，陶菊隱、傅國湧、何兆武，楊天石、智效民、邵建、李輝、孫郁等「民國見證人」與「民國史學者」不斷推出各種鮮活的「民國話題」，使得我們在不斷「驚豔」的發現中似乎觸摸到了「眞實」的歷史脈搏，而且，這些關於民國往事、民國人物的敘述又不時刺激到了我們當今生活的某些負面，今昔對比，但不再是過去那種模式化的「憶苦思甜」，在不少的時候，效果可能恰恰相反，民國的細節令人欣羨，反襯出今天的某種不足，這裡顯然不無記憶者的美化性刪選，也難免闡釋者的想像與完善，但對於廣大的社會讀者而言，嚴謹考辨並不是他們的任務，只要這些講述能夠塡補我們的某種欠缺，滿足他們的某些精神需要，一切就已經夠了。「民國熱」在「辛亥百年」的紀念中達到高峰，如今，在大陸中國的稍具規模的書店裏，我們都能夠看到成套、成架、成壁的民國專題圖書，圖書之外的則是更多的報刊文章、電視節目，甚至服飾的民國懷舊潮流，大陸中國的民國熱還在一定程度上波及到了海峽對岸，在臺灣的圖書與電視中，也不時晃動著「民國記憶」的身影，只是，對於一個自稱「民國進行時」所在，也會同我們一起講述「過去的民國」，多少令人覺得詫異，它本身似乎也生動地提醒我們：民國熱，主要還眞是一種大眾趣味的流變，而非知識精英的文化主題，儘管我們的知識界在其中推波助瀾。〔註1〕

作爲當代大眾文化體現的「民國熱」是由知識分子津津樂道的「民國掌故」喚起興味的，正是借助於這些「恍如隔世」的故事，人們逐漸看到了一個與我們熟悉的生活格局迥然有別的時代和社會，以及生活於其中的個性色彩鮮明的歷史人物，出於某種可以理解的現實補償心理，人們不免在這一歷史意象中寄予了大量的想像，又逐漸將重塑的歷史意象召喚進現實，成爲某

〔註 1〕 參看周爲筠：《「民國熱」之下的微言大義》，載《南方都市報》，2008 年 1 月 20 日。

種時尚趣味的符號，如在一些婚紗藝術照與大學畢業紀念照中流行「民國服飾」。應當說，作為這一社會趣味的推動力量，一些知識分子的「關於民國」的寫作發揮了明顯的作用，但是，作為流行的社會趣味本身的「民國熱」卻還不能是一種自覺的時代思潮，而只是知識分子的個人的某種精神訴求與社會情緒的並不嚴密的合流，一方面，知識界對這些「民國文化」的提取和發掘尚未進入系統的有序的理性層面，本身就帶有明顯的趣味化和情緒性色彩，包括目前流行甚廣的所謂「民國范兒」，這個本來是一個值得深入探討的精神現象，但是到目前為止，依然主要流於種種極不嚴格的感性描述與文學比喻，而且據說提出者本人也還試圖放棄其概念發明權。〔註2〕

大眾文化，不管我們今天對它的評價究竟如何，都應該看到，這是一種與通常所說的由知識分子自覺建構的並努力納入到精英文化傳統的追求所不一樣的「文化」，它更多地與人們的日常生活方式及生活趣味緊密聯繫，是指普通大眾基於日常生活的需要而生成的種種精神性追求和傾向，它與精英知識分子出於國家民族意識、歷史使命或文化獨創性目標而刻意生產的成果有所不同。當然，作為個體的知識分子既致力於精英文化的建構，又同時置身於大眾生活的氛圍之中，所以嚴格地講，他同樣也擁有大眾文化的趣味和邏輯，受到日常生活文化的影響，也自覺不自覺地影響著以日常生活為基礎的大眾文化。

從精英知識分子的邏輯出發，我們不難發現大眾文化的若干消極面，諸如與媒體炒作對真正的個性的誤導甚至覆蓋，工業化生產的趣味同質化，五彩繽紛背後隱含的商業利益，對世俗時尚缺乏真正的批判和反思，甚至對國家意識形態的某種粉飾和媾和等等，當年的法蘭克福學派就因此對資本主義的大眾文化大加鞭撻。的確，源於日常生活需要的物質性、享受性與變異性等特點使得大眾文化往往呈現出許多自我矛盾的形態，這裡就有法蘭克福學派所痛心疾首的「商品性」、「同質化」、「工業生產式的批量化」、「傀儡化」、解構主體意識等消極面，如霍克海默和阿多洛在《啟蒙辯證法》中指出的那樣：「文化工業的產品到處都被使用，甚至在娛樂消遣的狀況下，也會被靈活地消費。」〔註3〕「文化工業反映了商品拜物教的強化、交換價值的統治和國

〔註2〕 舒非：《「民國熱」》，見 2012 年 8 月 10 日「大公網」，http://www.takungpao. com/fk/content/2012-08/10/content_913084.htm。

〔註3〕 霍克海默、阿多諾：《啟蒙辯證法》，洪佩郁、藺月峰譯，重慶：重慶出版社，1990 年版，第 118 頁。

家壟斷資本主義的優勢。它塑造了大眾的鑒賞力和偏好，由此通過反覆灌輸對於各種虛假需求的欲望而塑造了他們的幻覺。因此，它所起的作用是：排斥現實需求或真實需求，排斥可選擇的和激進的概念或理論，排斥政治上對立的思維方式和行動方式。」〔註4〕

所以，我們今天也不難發現大眾「民國熱」中的一些為消費主義牽引的例證。例如今天的「民國熱」也開始透露出不少獵奇和窺隱的俗套，諸如《民國公子》、《民國黑社會》、《民國八大胡同》一類黑幕消費、狹邪消費同樣開始流行一時，走上被法蘭克福學派抨擊的文化解構、文化異化的萎靡之路。

作為學術史演進的「民國文學研究」

上述大眾之熱，在最近一些年給人留下了深刻的印象（有人稱之為「愈演愈烈」），所以當「民國文學研究」的呼聲出現，便自然引起了不少的聯想：這是不是「民國熱」的組成部分呢？又會不會落入獵奇窺隱的窠臼呢？

在我看來，「民國熱」與「民國文學研究」的出現，其最大的相關性可能就在時間上。拋開臺灣學界基於意識形態原因而書寫「中華民國文藝史」不算，中國大陸最早的「民國文學」設想出現在 1990 年代末（陳福康），最早的理論倡導出現在 2000 年代早期（張福貴），但形成有聲有勢的多方位研究則還是在 2000 年代後期（張中良、丁帆、湯溢澤、李怡及「西川論壇」研究群體），這一逐漸成熟的時間剛好與所謂的「民國熱」相重疊，所以難免會給令人從中尋覓關聯。不過，值得我們注意的是，在前述大眾趣味的民國熱之外，其實還有另外一條線索被我們忽略了，這就是學術界對中國近現代歷史的考察和追問方式。

20 世紀初，劍橋史書已經成為英語世界的多卷本叢書典範，《劍橋中國史》從 1966 年開始規劃，迄今已經完成 16 卷，它對歷史的劃分很自然地採用了朝代與政治形態的變化加以命名，至我們所謂的現代與當代分別編寫了《中華民國史》與《中華人民共和國史》各兩大卷，在這裡，「民國」歷史的梳理和描述已經成為國際學界的正常工作，絲毫不涉及流行趣味的興起問題。

在大陸中國，雖然因為政治原因，「民國」一詞一度包含了某種政治禁

〔註 4〕 斯道雷：《文化理論與通俗文化理論導讀》，楊竹山譯，南京：南京大學出版
　　　　 社，2001 年版，第 71 頁。

忌，需要謹慎使用，但總體來看，除了「文化大革命」這樣的極端的文化專制時期之外，對「民國史」的關注和研究一直獲得了國家層面的包容甚至支持。《中華民國史》的編修工作可以追溯到半個世紀以前，早於《劍橋中國史》的編寫計劃。1956 年，在「向科學進軍」及「百花齊放、百家爭鳴」的熱潮中，國家科學發展十二年規劃中就已經列入了「民國史」的研究計劃。1961 年是辛亥革命 50 週年紀念，作爲辛亥革命親歷者的董必武、吳玉章等人又提議開展民國史研究。1971 年全國出版工作會議期間，周恩來總理親自指示，將編纂民國史列入國家出版規劃，具體交由中國科學院哲學社會科學學部（今中國社會科學院）近代史研究所負責組織實施，由著名史學家李新先生負責統籌。由於「文革」的環境所限，編寫工作眞正開始於 1977 年，但作爲項目卻始終存在。作爲民國史研究系列之一，《民國人物傳》第一卷於 1978 年出版，1981 年，《中華民國史》第一卷上下兩冊亦由中華書局正式出版，至 2011 辛亥革命一百週年前夕，全套《中華民國史》共 36 卷全部出齊，被稱爲是中國出版界在近年來的一件大事。有趣的是，《中華民國史》第一卷在當年問世之後，遭到了臺灣學界的激烈批評，被認爲是政治色彩濃厚、評價偏頗的「官史」，當時大陸方面特意回應，辯解說我們的民國史研究不是政治行爲，是完全的學術行爲。雖然這辯解未必完全道出了我們學術制度的現實，但是從那時起，「民國史」的研究至少在形式上已經成爲學術而不是政治的一部分，卻是值得肯定的事實。到今天，史學界內部的民國史研究已經成爲中國學術重要的方向，中華民國史研究被確立爲中國社會科學院重點學科也已經十多年了；致力於「民國史」研究的自然也不只中國社會科學院一家，如南京大學、復旦大學、北京師範大學、中國人民大學等諸多學術機構都在這方面投入甚多，且頗有成就，就是一部《中華民國史》今天也不僅有中國社會科學院牽頭版，也另有南京大學版（南京大學出版社，2005 年，張憲文主編）、中國現代史學會版（四川人民出版社，2006 年）等，2000 年 9 月，南京大學中華民國史研究中心被批准爲教育部普通高等學校人文社會科學重點研究基地，多年來，他們通過編輯出版《民國研究》、承擔國家重點科研項目、連續舉辦中華民國史國際學術研討會、不斷推出大型研究叢書等方式穩健地推動著民國史的研究。

這一「民國史」的學術努力試圖突破當代「以論代史」之弊、還原歷史眞實，承襲的是實事求是的中國學術傳統，與當下社會文化的時尚毫無關

係。

民國文學研究的出現和發展同樣是歷史學界實事求是追求的一種有力回應。

同整個歷史學界一樣，中國文學史研究也一度成爲「以論代史」的重災區，甚至作爲學科核心概念的「現代」一詞也首先來自於政治思想領域，與中國文學發生發展的事實本身沒有關係，以致到了1980年代，我們的文學博士還滿懷疑惑地向學科泰斗請教「何謂現代」。1990年代的「現代性」知識話語讓中國文學研究在概念上「與國際接軌」了，但同樣沒有解決「以中國術語表述中國問題」的困惑，凡此種種，好像都在一再證實「論」的重要性，於是，「以論帶史」的痕迹依舊存在。

如何回到中國歷史自己的現實，如何在充分把握這些歷史細節的基礎上梳理和說明我們文學的發展，我們需要走的路還很長很長。

「民國文學」概念的重新提出，其實就是創造了一種可能：我們能不能通過回到自己的國家歷史情態之中，就以這些歷史情態爲基礎、爲名詞來梳理文學現象——不是什麼爭議不休的「現代」，也不是過於感性的「新文學」，就是發生在「民國」這一特定歷史語境中的精神現象和藝術追求，一切與我們自己相關，一切與生存於「民國」社會的我們相關。

就是這樣，本著實事求是的治史傳統，我們可以盡可能樸素地返回歷史的現場，勘探和發掘豐富而複雜的文學現象。實事求是，這本來是當年「民國史」負責人李新先生的願望，他試圖倡導人們從最基礎的原始材料做起，清理和發現「民國」到底有哪些值得注意的史實，這樣的願望雖然在「文革」的當時並不能實現，但卻昭示了一代民國史學人的寶貴的學術理想。今天，文學史研究也正在經歷一場重要的轉型，這就是從空洞的理論焦慮中自我解放，重新返回歷史，在學術的「歷史化」進程中鳳凰涅槃，迎來自己新的生命。

只有在這樣的學術脈絡中，我們才有可能洞悉「民國文學」研究的眞諦，也才可能將眞正學術的自覺與大眾文化的潮流區分開來，爲將來的文學史研究開闢嶄新的道路。

社會的時尚是短暫的，而文學史研究的發展卻有它深遠的思想淵源。

大眾的文化是躁動的，而我們需要的學術卻是冷靜的、理性的。

當下的潮流總是變動不居的，除了「民國」之熱，照樣還有「啓蒙」的

熱,「黨史」的熱,「國學」的熱……不是每一樁的「時髦」都可以牽動學術思想的重大演變,儘管它們可以在某種程度上相遇,也可以發生某種的對話。

一切都是如此的不同,一切本來也就是根本不同。

熱中之冷與冷中之熱

我如此強調文學史學術的冷靜與理性,與鼓譟一時的社會潮流區別開來,這當然並不意味著我們的工作是封閉於社會,不食人間煙火的學院活動,當代學術向著「歷史化」的方向轉型,這並不意味著學術從此與主體感受無關,與社會關懷無關,從根本上看,這是一種對於研究主體與歷史客體雙向關係的全新的調適,我們必須最充分地尊重未經干擾的事實本身,同時也要善於從歷史事實的豐富中把握我們感受的真實性,在過去的歷史敘述中,我們對此經驗欠缺,希望「民國文學史」研究能夠讓我們重新開始。

這也就是說,雖然我在根本上強調了學術邏輯與時尚邏輯的不同,但是,我也無意拒絕從社會的普遍感受中獲得關於「歷史價值」的追問和思考,包括對大眾文化內在意義的尊重和關注。法蘭克福學派曾經激烈地抨擊了大眾文化的諸多弊端,不過,這不能掩蓋另外一些學者如英國的文化研究(如費斯克的學說)從相反的角度所展開的正面的發掘與肯定,這指的是對大眾文化追求中積極的建構性意義的褒揚。如費斯克所欣賞的反抗性、自由選擇性,正所謂「身體的快感所進行的抵抗是一種拒絕式的抵抗,是對社會控制的拒絕。它的政治效果在於維持著一種社會認同。它也是能量和強有力的場所:即這種拒絕提供強烈的快感,並因而提供一種全面的逃避,這種逃避使身體快感的出現令上層覺得驚慌,卻使下層人民感到了解放。」〔註5〕中國的大眾文化是在結束文革專制、社會改革開放的過程中發展壯大的,這樣的過程本身就與法蘭克福學派所警惕的成熟的資本主義文化不盡相同,它在問題重重的同時依然帶有抵抗現實秩序的某些功能,因此值得我們認真對待。即以我們目前看到的「民國熱」為例,一方面其中肯定充斥了消費主義的萎靡之態與嘩眾取寵的不負責任,但是,在另外一方面,我們卻也應該承認,帶動了「民國熱」的許多講述者本身也是民國史的研究者和關注人,他們兼具知識

〔註5〕 費斯克:《理解大眾文化》,王曉玨、宋偉強譯,北京:中央編譯出版社,2001年版,第64頁。

基礎與人文關懷，即使是對「民國」的浪漫化的想像也部分地指向了某種對理想信念的緬懷——教育理念、文化氛圍、人格風骨等等——顯然不都是歷史的事實，但是提出問題本身卻無不鑒古知今，繼續變革中國、造福民族的意味，這卻不是無的放矢的。這樣的大眾文化包含了某些值得深思的精神訴求，在信仰沉淪、物質至上、唯利是圖的時代，尤其不可爲「治民國史」者所蔑視，在某些時候，其本質上胸懷民族未來的激情恰恰應該成爲學術的內在動力。

當然，社會情懷的擁有並不就是學術本身。學術自有自己的理念和法則，作爲學者，我們思考的不是改變這些法則去遷就大眾的情趣，相反，是更好地尊重和完善法則，讓法則成爲社會情懷的合理的延伸和提煉。民國文學的研究首先是學術，不是轉瞬即逝的社會潮流，與那些似是而非的「民國熱」比較，我們起碼還應該在下面幾個方面意識清晰：

第一，作爲學者而不是媒體人，思想是學者的第一生命，而思想的提煉必須來自於對現實生活的有距離的觀察和判斷。我們要特別強調一種理性的認知，以代替某些煽情式文字書寫。之所以這樣強調，乃是在「學術通俗化、市場化」的今天，學術著作有時混同於媒介時代大量的「抒情讀物」中，如果單純依從大眾閱讀的快感，難免會模糊掉學者的本位，使思想讓位於抒情。

其次，作爲歷史敘述的工作者，我們應該盡力還原歷史的複雜性，以區別於對歷史的想像。作爲大眾文化的精神需求，其實不可能「較眞」，有時候似是而非的故事更能夠調動人們的情緒，但是對於歷史工作者就不同了，它必須對每一個細節展開盡可能的考察、追問，即使充滿矛盾之處，也必須接受仔細的勘探和分析，當然，這樣的刨根問底可能會打破不少的幻夢，瓦解曾經的想像，就是「歷史見證人」的「口述實錄」也必須接受專業的質疑，未經質疑和考證的材料不能成爲我們完全信賴的根據，這樣的「工作」常常枯燥而繁瑣，並不如一般大眾想像的那麼自由和愜意，但是學術的眞相必須在直面這樣的事實之中，只有洞察了所有這一切的矛盾困惑，我們方能獲得更高的事實的頓悟，也只有不間斷的疑問，才能推動我們對「問題」的不斷髮現。正如有學人指出的那樣：「民國自有許多值得我們繼承、借鑒的遺產，如自由之精神，如兼容並包的大學氣度等等，但我們不應不加辨析，只選取光鮮處，一味稱歎；更無意於要在民國諸賢中分個高低上下，使孔子大戰耶

穌，魯迅 PK 胡適，只是覺得我們在關注歷史人物時，首先要研究其思想、事功，而非僅僅作爲飯後談資的八卦、段子。」〔註6〕

　　第三，民國文學的研究最終是爲了解釋說明文學本身的問題而不是其他。這裡的「其他」常常就是大眾豐富的需求，或者爲了各自的政治道德目標，或者爲了心理的釋放，或者就是獵奇與八卦，一切事物都可以成爲談資，一切談論的方式都無不可，超越「專業」的任性而談往往更具某種「自由」的魅力。但是，一旦眞正進入專業研究，這都是學術的大敵。民國文學研究最終是爲了深刻地解釋和說明民國時期的文學何以如此，所有「文學之外」的信息都必須納入到對「文學之內」的認定才有其必要的價值，而且這些信息的眞正性也須得我們反覆校勘、多方考辨。在「文學解釋」的方向上，關於「民國」的種種逸聞趣事本身未必都有價值，未必都值得我們津津樂道，只有能夠幫助我們重新進入文學文本的「故事」才具有學術史料的意義。

　　最後，也是我們必須格外重視的一點，那就是學術研究所包含的社會情懷主要是通過對社會文化環境的緩慢的影響來實現的，它並不等於就是目標單純的政治抨擊，也不同於居高臨下的道德訓誡。就民國文學研究而言，如何我們能夠在學術研究中發掘某些民國文學的發展規律，揭示某些民國作家的精神選擇，闡述某些文學文本的藝術奧妙，本身就對當前的文學生態發生默默的轉移，又經過文學的啓迪通達我們更大的當代精神，誠如斯，學術的價值也就實現了。學術研究有必要與傳統所謂的「現實隱射」嚴格區別開來，雖然我們能夠理解傳統中國的專制主義壓抑下「隱射」思維出現的理由，但是在總體上看，精神活動對社會現實的影響應當是正大光明的，而「隱射」思維卻是偏狹的和陰暗的，文學研究是排除「預設」的對歷史現象的豐富呈現，「影射」卻將思想牽引到一個特定的主觀偏執的方向之上，不僅不能眞正抵達眞相，而且還可能形成對歷史事實的扭曲和遮蔽，學術擁有更爲開闊的目標和境界，而「影射」則常常被個人的私欲所利用。和一切嚴肅的學術研究一樣，民國文學研究是在健康和積極的方向上爲中國的當代文化貢獻自己的智慧和力量。

　　恰恰是「民國熱」之中，我們需要一種「冷」的研究，當然，這「冷」並非冷漠，而是學術的冷靜和理性的清涼。

〔註6〕王曉飛：《冷眼「民國熱」》，《文學報》，2012 年 7 月 5 日。

目

次

緒　論

一、研究綜述

　　魯迅是現代文學史上的文學家和思想家，對他的研究業已形成專門的學問。針對魯迅的生平、思想和作品以及研究史的研究，無論在規模和深度上都頗為可觀。但在這些研究中，魯迅的文學創作與美術的關係，一直沒有得到充分的研究。據學者統計，在魯迅閱讀過的各類圖書凡 4233 種中，美術類的就有 595 種。〔註1〕另外，他還「收藏原拓中國現代版畫 2000 多幅、原拓外國版畫 2000 多幅、碑拓及漢畫像 6000 多件」〔註2〕。他的美術修養和批評得到專業美術家的認可，組織策劃過多次美術展覽，指導扶持多個美術團體，編輯出版多部美術作品，並積極幫助當時的美術青年。魯迅在美術方面的素養對其本人以及創作都產生了影響，當然，他的文學創作也對其美術活動發揮著作用。這兩者之間是一種互動的關係。

　　美術是人類文明發展到一定階段的產物，是與人類對自身主體地位的肯定相關聯的。

　　　　美術亦稱「造型藝術」。社會意識形態之一。通常指繪畫、雕塑、工藝美術、建築美術等。歐洲十七世紀開始用這一名詞時，泛指含有美學情味和美的價值的活動及其產物，如繪畫、雕塑、建築、文學、音樂、舞蹈等，以別於具有實用價值的工藝美術。也有人認為「美術」一詞正式出現應在 18 世紀中葉。18 世紀產業革命後，技術日新月異，商業美術、工藝性的美術品類日多，美術範圍益見

〔註 1〕 參見金綱編著《魯迅讀過的書》，中國書店 2011 年版。
〔註 2〕 蕭振鳴：《魯迅美術年譜·出版說明》，國家圖書館出版社 2010 年版，第 1 頁。

擴大，有繪畫、雕塑、建築藝術、工藝美術等，在東方還涉及書法
和篆刻等。〔註3〕

中國人開始使用「美術」這個詞是從近代開始的，而當時它的意思和今天的
「藝術」大致相當。魯迅在向國人介紹何爲美術時說道：

美術爲詞，中國古所不道，此之所用，譯自英之愛忒。（Art or
fine Art）愛忒云者，原出希臘，其誼爲藝，是有九神，先民所祈，
以冀工巧之具足，亦猶華土工師，無不有崇祀拜禱矣。顧在今茲，
則詞中函有美麗之意，凡是者不當以美術稱。〔註4〕

魯迅進一步解釋道，「由前之言，可知美術云者，即用思理以美化天物之謂。苟
合於此，則無問外狀若何，咸得謂之美術：如雕塑、繪畫、文章、建築、音樂
皆是也。」〔註5〕由此可見，他當時在使用「美術」這個概念，與我們今天的
概念有著內涵和外延的區別。我們今天所說的美術的內涵是「以物質材料創造
可視的靜態空間形象的藝術。由此，它又被稱爲造型藝術、視覺藝術、靜態藝
術、空間藝術，分別從不同角度對美術進行形態上的把握」，外延是「在廣義上
包括建築、園林、雕塑、繪畫、工藝美術、工業設計、書法、篆刻、攝影等。」
〔註6〕本書中所涉及到的魯迅與美術的問題中的「美術」主要是指繪畫。

魯迅與美術的研究大致可以分作三個路向，一是編印魯迅收藏的美術作
品和參與設計的相關作品；一是對魯迅的美術活動進行資料性的梳理；一是
對魯迅的美術活動與文學創作之間的關係進行研究。

第一類的著作由於涉及到美術作品，所以印刷出版需要大量的金錢作基
礎，這也是魯迅生前只編印出版少量美術作品的原因。1950年，上海出版公
司出版《魯迅遺編》，其中包括《小說士敏土之圖》、《凱綏珂勒惠支版畫選
集》、《阿庚畫死魂靈一百圖》和《引玉集》。文革結束以後，尤其是進入九十
年代以來，魯迅收藏的美術作品開始得到關注並出版。這不僅包括像上海人
民美術出版社在1981、1982年出版的魯迅親自編輯的《魯迅編印畫集輯存》

〔註3〕 夏徵農、陳至立主編《辭海：第六版縮印本》，上海辭書出版社2010年版，
第1283頁。

〔註4〕 魯迅：《集外集拾遺補編·擬播布美術意見書》，《魯迅全集》第八卷，人民文
學出版社2005年版，第50頁。

〔註5〕 魯迅：《集外集拾遺補編·擬播布美術意見書》，《魯迅全集》第八卷，人民文
學出版社2005年版，第51頁。

〔註6〕 李澤厚、汝信主編《美學百科全書》，社會科學文獻出版社1990年版，第317
頁。

（包括《近代木刻選集（一）》、《蕗谷虹兒畫選》、《近代木刻選集（二）》、《比亞茲萊畫選》、《新俄畫選》、《梅斐爾德木刻士敏土之圖》、《引玉集》、《木刻紀程（壹）》、《凱綏・珂勒惠支版畫選集》和《死魂靈百圖》），而且還印行了大量魯迅生前打算出版而沒有如願的美術作品。北京魯迅博物館在這方面做了大量工作，相繼組織編輯出版了《魯迅收藏中國現代木刻選集 1931～1936》、《魯迅收藏蘇聯木刻拓花集》、《北京魯迅博物館藏畫選》、《魯迅藏漢畫像・一》、《魯迅藏漢畫像・二》、《藏書票風景・創作卷》、《魯迅珍藏漢代畫像精品集》和《魯迅藏外國版畫百圖》等。1991 年 9 月，江蘇古籍出版社出版《版畫紀程——魯迅藏中國現代木刻全集》，內含從收藏的 2000 餘幅中國現代版畫中擇取的 1700 餘幅。1994 年，上海古籍出版社聯合魯迅博物館籌備出版《魯迅收藏外國版畫全集》，這是魯迅生前一直想做的事，但可惜因版權問題未能達成。在魯迅的封面設計方面，劉運峰編有《魯迅書衣百影》，馮英編有《魯迅著譯影記》。2012 年，魯迅博物館編印《魯迅著作初版精選集》，選擇 22 部魯迅作品的初版本進行影印，與原版書保持高度一致，使讀者可以較爲近距離地接觸到魯迅初版本的原貌。2011 年，由李新宇、周海嬰等主編的《魯迅大全集》，首次將魯迅整理研究過的石刻和魯迅自己的繪畫、書法、封面設計以及他編輯的各種美術作品收錄在內。

　　第二類的研究從魯迅逝世後的零星的個人回憶開始，而眞正集中進行研究則是在文革結束以後。張望在 1948 年即編著《魯迅論美術》一書，以後多次出版，是魯迅論述美術文章的文集。陳煙橋在 1949 年出版《魯迅與木刻》，是回憶魯迅先生與木刻活動的著作。野夫、姜維樸也編印過魯迅與美術方面的著作。王明候在 1956 年出版的《魯迅先生美術活動年表資料》，是最早對魯迅美術活動進行梳理的著作。黃蒙田是最早從理論方面入手，分析探討魯迅的美術活動與文學之間關聯的學者。文革結束後，人民美術出版社自 1977 年起策劃並陸續出版了「魯迅與美術研究資料」叢書，包括王觀泉的《魯迅美術繫年》以及由出版社編定的《回憶魯迅的美術活動》、《回憶魯迅的美術活動續編》和《學習魯迅的美術思想》。這對於研究魯迅的美術活動是一套較爲重要的資料。魯迅本人對於書籍的封面設計和插圖都很關注，經常會找畫家朋友幫忙作圖，他自己也設計了多個封面。這方面也得到了學者們的重視，1981 年，上海魯迅紀念館編印了《魯迅與書籍裝幀》一書。2001 年，楊永德編著《魯迅裝幀繫年》，是和魯迅相關的裝幀活動的史料長編。張光福在 1982 年出版《魯迅美術論集》，將魯迅論述美術的文字集結成冊，對於瞭解魯迅的美術思想頗爲有益。日本學

者內山嘉吉與奈良和夫合著的《魯迅與木刻》，詳細回憶了魯迅與中國初期的木刻運動和版畫家的關係。1985 年，人民美術出版社出版由馬蹄疾和李允經編著的《魯迅與新興木刻運動》，對魯迅的木刻活動進行了詳細的論述，他們還於 1986 年出版了《魯迅木刻活動年譜》。李允經又相繼出版了《魯迅與中外美術》和《魯迅藏畫欣賞》等著作，是對魯迅的美術研究進行持續關注的專家。對這一領域保持深厚興趣的另一位學者是孫郁，他於 2004 年和 2008 年分別出版了《魯迅書影錄》和《魯迅藏畫錄》，並在 2011 年和李亞娜編著《魯迅藏明信片》。1986 年，嶺南美術出版社出版王心棋的《魯迅美術年譜》，該書材料翔實，既包括魯迅日記、書信及作品中涉及美術的材料，也收錄了同時代人關於魯迅美術活動的回憶，該書比王觀泉在 1979 年出版的主要論述魯迅在上海期間美術活動的《魯迅美術繫年》豐富了不少。2010 年，國家圖書館出版社出版蕭振鳴的《魯迅美術年譜》，該著對魯迅一生所從事的美術活動進行了鉅細無遺的統計，不僅對所購的美術書籍和藏品標有當時的價格，而且注明存佚情況。全書 600 多頁配圖近 500 幅，是當下研究魯迅美術活動的重要參考著作。

近年來的博、碩論文也開始以魯迅的美術活動作為選題，這方面的論文有李祥的《魯迅美術活動及其管理思想研究》、李榮的《魯迅書法藝術的演變及美學特徵》、蔡雨坤的《魯迅書刊廣告研究》、王金笛的《論魯迅的書籍裝幀藝術及其對現代書籍裝幀的影響》和呂敏的《當革命時版畫之用最廣：關於魯迅版畫藝術見解的研究》等。

第三類的研究在前兩類研究工作的基礎上，進一步將魯迅的文學創作與美術活動結合起來，研究兩者之間的關係。由於進行這方面的研究需要文學與美術兩方面的知識，研究難度較大，因此，成果也較少。

1999 年，李歐梵在嶽麓書社出版了《鐵屋中的吶喊》，附錄裏有一篇題名為「魯迅與現代藝術意識」的論文。文章從魯迅在上海大陸新村的舊居里掛在客廳與臥室的畫的比較著手，認為魯迅在藝術趣味方面存在著為公與為私的分別，為公則推介凱綏・珂勒惠支粗獷有力的積極參與現實鬥爭的版畫，為私則欣賞比亞茲萊帶有唯美和頹廢色彩的作品。該文還探討了《故事新編》和《野草》集中的作品與魯迅所接觸到的西方現代派美術作品之間的關係。

2001 年，山東教育出版社出版了由馮光廉等人主編的《多維視野中的魯迅》，其中由魏韶華撰寫的「魯迅審美風格的藝術學闡釋」一章，討論了在美術視野裏的魯迅的藝術趣味和藝術精神，並專門探討了魯迅與愛德華・蒙克之間的關係。這是較早對魯迅文學與美術之間的聯繫進行研究的著作。

　　2006 年，山東師範大學崔雲偉完成博士論文《魯迅與西方表現主義美術》，作者認爲魯迅與西方表現主義美術家之間存在著深刻的精神聯繫。全文分上下兩編，上編討論魯迅與凡·高、蒙克、羅丹和凱綏·珂勒惠支在思想精神上存在的聯繫，下編分析魯迅作品中所含有的表現主義版畫感、油畫感和漫畫感。因爲兼具美術與現代文學的雙重功力，所以見解較具深度，能發現專事文學或專事美術研究的學者們所不能發現的內在關聯。

　　2012 年，許祖華、余新明和孫淑芳在安徽大學出版社出版了《魯迅小說的跨藝術研究》，對魯迅小說與音樂、繪畫、詩歌、散文、電影和戲劇的關係進行了探討。在「魯迅小說與繪畫」一章中，作者分析了魯迅的繪畫觀、魯迅小說的敘述空間與繪畫的關係和魯迅小說的畫面結構。

　　這方面的論文，身爲畫家的張仃在 1942 年 10 月 18 日的《解放日報》上就發表了《魯迅先生作品中的繪畫色彩》。該文充分肯定了魯迅在繪畫上的豐富知識，認爲其顯著地影響了他的文學創作，並結合具體作品分析了其色彩特徵。

　　劉豔在 1993 年第 2 期的《文藝理論研究》上發表了《魯迅小說的繪畫效果及其成因探尋》，認爲魯迅對於民間繪畫和漢畫像的熱愛，對他的文學創作產生了影響，是將其啓蒙理想進行藝術化的重要力量。

　　鄭家建在 2000 年第 1 期的《中國現代文學研究叢刊》上發表《論〈故事新編〉的繪畫感》，文章分析了《故事新編》裏的色彩運用，並認爲這與作者獨特的漫畫構圖的藝術意識和藝術方式有關。

　　江弱水在 2001 年 5 月 10 日的《光明日報》上發表《朱墨春山：魯迅與陳師曾》，該文一方面回憶了魯迅與陳師曾的交往歷程，另一方面認爲魯迅的文學作品《雪》、《好的故事》、《在酒樓上》等描寫段落中深受文人畫的影響。另外，他還於 2002 年第 6 期的《浙江學刊》上發表《論〈野草〉的視覺藝術及其淵源》，認爲木刻藝術的影響造成了其作品強烈的明暗對比和精勁的線條，別外陳師曾的影響使作品有水墨味道，李賀的詩歌則帶來了奇異意象。

二、對研究現狀的反思及開拓

　　在魯迅與美術的關係研究中，第一類書籍的出版，將魯迅生平收藏的美術作品以直觀的形式呈現在讀者面前。第二類的研究著作，對於勾勒魯迅生平的美術活動及美術思想，有著重要的作用。這兩類路向上學者們所做的努

力爲我們提供了作爲美術家的魯迅的重要面影。它不僅可以豐富我們對魯迅的認識，而且對於揭示魯迅文學世界的複雜構成也起著不小的啓示作用。第三類的研究，致力探尋魯迅的文學創作與美術之間的聯繫，開闢了一個新的魯迅研究領域。但這類的研究尚處於起步階段，並且存在一些問題。多數學者在研究魯迅美術與文學的關係時，側重討論梵高、高更、塞尚、蒙克、比亞茲萊、麥綏萊勒、梅斐爾德、凱綏·珂勒惠支等畫家對其文學創作產生的影響，認爲這使得作品或具有表現主義色彩，或具有黑白木刻的力之美。或許是因爲魯迅的文學作品裏的表現主義色彩比較明顯，並且由於他後期大力推動版畫事業的緣故，研究者們對這兩塊的美術家的影響比較重視。但就現有的材料來看，我們很難找到強有力的證據證明魯迅在從事文學創作之前，對上述美術家的作品有過長時間的大批量的親密接觸。

魯迅和麥綏萊勒、梅斐爾德和凱綏·珂勒惠支這些版畫家的密切接觸，都在定居上海時期。在他的文字中，麥綏萊勒第一次出現是在 1932 年〔註7〕；梅斐爾德是在 1930 年〔註8〕；凱綏·珂勒惠支是在 1930 年〔註9〕。關於比亞茲萊的美術作品，魯迅在 1924 年 4 月 4 日即從丸善書店購得一本，但有意思的是，他在 1926 年 2 月 1 日寫的《不是信》一文裏提到，「『琵亞詞侶』的畫，我是愛看的，但是沒有書，直到那『剽竊』問題發生後，才刺激我去買了一本 Art of A.Beardsley 來，化錢一元七。」〔註10〕文中提到的書應是 1925 年 10 月 6 日魯迅購買的《Art of Beardsley》。這裡面就存在一個問題，魯迅明明在 1924 年就買到了比亞茲萊的書，爲什麼要說「但是沒有書」呢？是不是遺失了？但現在這本書仍藏於北京魯迅博物館〔註11〕。魯迅有可能是一時忘記了這本書的存在，或者是當時的心思並不在這類書上。查看魯迅 1924 年和 1925 年的購書清單，類似比亞茲萊這樣的西方畫家幾乎沒有，中國傳統典籍與漢畫像和碑拓是他購買的重點。比亞茲萊在魯迅文字中集中出現是到了上海以後。

〔註7〕 魯迅：《南腔北調集·「連環圖畫」辯護》，《魯迅全集》第四卷，人民文學出版社 2005 年版，第 459 頁。

〔註8〕 魯迅：《日記·19300721》，《魯迅全集》第十六卷，人民文學出版社 2005 年版，第 205 頁。

〔註9〕 魯迅：《日記·19300715》，《魯迅全集》第十六卷，人民文學出版社 2005 年版，第 204 頁。

〔註10〕 魯迅：《華蓋集續編·不是信》，《魯迅全集》第三卷，人民文學出版社 2005 年版，第 246 頁。

〔註11〕 見蕭振鳴：《魯迅美術年譜》，國家圖書館出版社 2010 年版，第 260 頁。

　　至於梵高、高更、塞尚和蒙克，前三位是後期印象派的代表，蒙克是表現主義繪畫的代表。梵高在魯迅 1927 年之前的文字中僅出現三次〔註 12〕；高更出現了一次〔註 13〕；塞尚出現了兩次〔註 14〕；蒙克則沒有出現〔註 15〕。魯迅在僅有的一篇文章中（其餘都出現在日記裏）談到梵高和塞尚的時候說：「我聽人說：後期印象派（Postimpressionism）的繪畫，在今日總還不算十分陳舊；其中的大人物 Cézanne 與 Van Gogh 等，也是十九世紀後半的人，最遲的到一九〇六年也故去了」，並自稱「我於美術是門外漢」〔註 16〕。雖有自謙的意思，但魯迅對於塞尚和梵高在美術史上的地位好像並無十足的把握，因此，在發表議論之前還特意加上「我聽人說」。1912 年 7 月 11 日，魯迅在日記裏寫下：「夜讀皐庚所著書，以為甚美；此外典籍之涉及印象宗者，亦渴欲見之。」〔註 17〕魯迅在這裡表達了對高更所代表的印象畫派的興趣，但「渴欲見之」，這四個字，也分明表示著魯迅並沒有見過此類畫家的作品，或者是雖見過但對他們並不熟悉，真正能將這「渴欲見之」的願望實現，是到了上海以後。

　　魯迅從 1912 年到定居上海之前這段時間裏，和上述畫家並無大量親密的接觸，這和他自身的生存環境和生活狀況是有關係的。從生存環境來看，一方面由於當時的北京並不是文化出版中心，「它這時是一個正在衰落的文化消費城市，不具備工商業功能」，〔註 18〕因此，當時一些外來的書籍並不能如在上海那樣得時代風氣之先；另一方面，1927 年之前中國的圖書出版要大大落後於 1927 年之後，有學者將《民國時期總書目》中的語言文字類書籍進行統

〔註 12〕魯迅：《日記・19120816》，《魯迅全集》第十五卷，人民文學出版社 2005 年版，第 16 頁；《日記・19121123》，《魯迅全集》第十五卷，第 31 頁；《熱風・五十三》，《魯迅全集》第一卷，第 357 頁。

〔註 13〕魯迅：《日記・19120711》，《魯迅全集》第十五卷，人民文學出版社 2005 年版，第 10 頁。

〔註 14〕魯迅：《熱風・五十三》，《魯迅全集》第一卷，人民文學出版社 2005 年版，第 357 頁；《日記・19120920》，《魯迅全集》第十五卷，第 21 頁。

〔註 15〕蒙克雖然沒有直接出現在魯迅 1927 年以前的文字中，但他在 1913 年 3 月 9 日、5 月 18 日收到的《近世畫人傳》二冊裏，其一為《愛德華・蒙克》。參見崔雲偉：《魯迅與西方表現主義美術》，山東師範大學 2006 年博士論文，第 101 頁。

〔註 16〕魯迅：《熱風・五十三》，《魯迅全集》第一卷，人民文學出版社 2005 年版，第 357 頁。

〔註 17〕魯迅：《日記・19120711》，《魯迅全集》第十五卷，人民文學出版社 2005 年版，第 10 頁。

〔註 18〕王建輝：《出版與近代文明》，河南大學出版社 2006 年版，第 128 頁。

計，發現 1911 年至 1918 年平均每年出版 22 種，1919 年至 1927 年平均每年
出版 48 種，而 1928 年至 1936 年則平均每年出版 179 種。〔註 19〕住在 1927
年之前的北京和 1927 年之後的上海，對於魯迅接觸到上述美術家作品的影響
無異是明顯的。

除了時代大環境的影響之外，魯迅的生活狀況對他的讀書也產生著影
響。從圖 1 可以明顯地看出，魯迅在 1927 年以後用在買書上的金錢大大超過
了前十五年。據計算，魯迅在 1912 年至 1926 年用於購書的金錢占整個統計
數字的 29%左右，後十年則占到了 71%。魯迅在北京時期由於教育部工資的
不能按時發放和家庭之累，他不能拿出更多的金錢用於買書，再加上西方美
術作品的昂貴，對他與它們的接觸產生制約。

圖 1　魯迅歷年購書金額（1912～1936）〔註 20〕

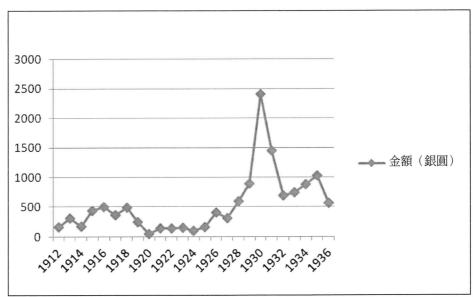

年份	1912	1913	1914	1915	1916	1917	1918	1919	1920	1921	1922	1923	1924
金額	164	310	177	432	496	362	488	248	51	137	143	149	99
年份	1925	1926	1927	1928	1929	1930	1931	1932	1933	1934	1935	1936	總計

〔註 19〕邱崇丙：《民國時期圖書出版調查》，中國書籍出版社 1994 年版，第 173 頁。
〔註 20〕此圖表數據參考了陳明遠：《魯迅時代何以為生》，陝西人民出版社 2011 年
　　　　版，第 82 頁。並依據《魯迅日記》進行了核對，改正了 1918 年、1919 年
　　　　的統計錯誤，並將 1922 年日記缺失的部分取 1921 年和 1923 年購書金額的
　　　　平均數。為了統計方便，購書金額只取整數，小數點以後忽略不計。

金額	159	400	307	594	886	2404	1447	693	739	878	1026	567	13356

綜合考慮時代環境和魯迅的個人生活狀況，最能反映這些條件對購書的影響的，是魯迅與丸善書店和內山書店的關係。「開設在日本東京的丸善書店，是亞洲最具規模的銷售外文圖書刊書店」。〔註21〕「內山書店最初只銷售日文書籍，後來業務不斷擴大，經營醫學以外的文學、政治、理論等多種書籍，許多蘇俄革命文藝論著都是通過內山書店發行到中國的。」〔註22〕魯迅在日本時就經常到丸善書店，在北京時也多次通過郵寄買書。內山書店則是他到上海以後最爲倚重的書店。魯迅通過這兩家書店獲得與時代同步的知識。據統計，「丸善」在魯迅日記中共出現 86 次，其中 79 次都出現在 1927 年之前；而「內山書店」則出現了 653 次。這說明魯迅在上海時期比在北京時期，有更爲充裕的時間和金錢購書，自然也有更多的機會接觸到當時最新出版的美術書籍。

除此之外，這也與魯迅北京時期的審美選擇有關係。據金綱統計〔註23〕，在《魯迅全集》中出現的 595 種美術類的書籍中，美術綜合類的有 152 種，在這些書之中，1927 年之前的有 34 種；中國書畫類有 157 種，1927 年之前的有 84 種；外國美術作品類有 165 種，1927 年之前的有 16 種；木刻類有 97 種，全部出現在 1927 年之後。〔註24〕如果我們再把魯迅在北京大力收集漢畫像和碑拓考慮進去的話，那麼，我們似乎可以得出結論：魯迅在北京時期關注美術作品的興趣在於中國傳統作品。對於西方繪畫的關注較少，並且集中在理論方面，較少看到美術作品。

魯迅在北京時期與上述美術家的作品接觸較少，那麼，是不是在日本期間與他們有過大量的接觸？據現有的材料來看，許壽裳、周作人和許廣平等人的回憶均沒有這方面的記載。許壽裳在提到魯迅在弘文學院的學習情況時說：「魯迅在弘文學院時，已經購有不少的日本書書籍，藏在書桌抽屜內，如拜倫的詩，尼採的傳，希臘神話，羅馬神話等等。」〔註25〕這其中並沒有提

〔註21〕張鐵榮：《周作人平議》，上海遠東出版社 2010 年版，第 237 頁。
〔註22〕張鐵榮：《周作人平議》，上海遠東出版社 2010 年版，第 238 頁。
〔註23〕參見金綱編著《魯迅讀過的書》，中國書店 2011 年版。
〔註24〕據葉淑穗統計，「至今保存下來的魯迅藏書仍有四千餘種」，見魯迅研究室編《魯迅藏書研究》，中國文聯出版公司公司 1991 年版，第 1 頁。
〔註25〕許壽裳：《亡友魯迅印象記・許壽裳回憶魯迅全編》，上海文化出版社 2006 年版，第 11 頁。

到上述美術家的作品，蓋因為當時初到日本的魯迅，學習日語是其最重要的任務。待到了仙臺之後，他忙於功課，且仙臺不如東京繁華，接觸到上述美術家的機會是不大的。待回到東京後，他決意辦雜誌和譯小說，而所關心的「一是偏重斯拉夫系統，一是偏重被壓迫民族」，「再查英德文書目，設法購求古怪國度的作品，大抵以俄，波蘭，捷克，塞爾比亞，勃耳伽利亞，波思尼亞，芬蘭，匈加利，羅馬尼亞，新希臘為主，其次是丹麥瑙威瑞典荷蘭等，西班牙意大利便不大注意了。〔註26〕周作人的回憶中提到的畫家有，「英國出版的《瓦支畫集》買有一冊，材料就出在這裡邊，還有俄國反戰的戰爭畫家威勒須卻庚他也很喜歡，特別其中的髑髏塔，和英國軍隊把印度革命者縛在炮口上處決的圖」。〔註27〕「日本舊畫譜他也有點喜歡」，「主要是自稱『畫狂老人』的那葛飾北齋的畫譜，平均第冊五十錢，陸續買了好些」。〔註28〕從這些材料來看，魯迅接觸到上述美術家的機會不是太大。但據陳煙橋回憶：「在日本留學時，他收集了一些西歐著名的文藝作品的插畫以及作家們的畫像。」〔註29〕這些美術家有可能會出現在這些收集的插畫裏，但插畫不足以較深刻全面地瞭解一個畫家。魯迅在日本時，可能對他們有些大概的瞭解，而和他們的美術作品的大規模親密的接觸，基本上是不可能的。這樣，即使是這些畫家的作品對魯迅的文學創作產生了影響，那麼影響也是有限的。而和魯迅所接觸到的其他美術作品來比較的話，其影響的範圍和程度是很小的。

　　論著試圖梳理魯迅在 1928 年之前所接觸到的四種類型的美術作品，並以他的五部創作集〔註30〕為考察對象，分析美術對他的創作帶來的影響。

　　魯迅在很小的時候就表現出了對美術的強烈興趣，這種興趣一直貫穿著

〔註26〕周作人：《瓜豆集》，河北教育出版社 2002 年版，第 165 頁。

〔註27〕周遐壽：《魯迅的故家》，魯迅博物館、魯迅研究室、《魯迅研究月刊》選編《魯迅回憶錄：專著》（中冊），北京出版社 1999 年版，第 1050 頁。

〔註28〕周遐壽：《魯迅的故家》，《魯迅回憶錄：專著》中冊，魯迅博物館、魯迅研究室、《魯迅研究月刊》選編《魯迅回憶錄：專著》（中冊），北京出版社 1999 年版，第 1052 頁。

〔註29〕陳煙橋：《一生熱愛美術的魯迅先生》，《萌芽》1956 年第 8 期。

〔註30〕魯迅在為 1933 年上海天馬書店出版的《魯迅自選集》所作的序中說：「可以勉強稱為創作的，在我至今只有這五種」，即《吶喊》、《彷徨》、《野草》、《朝花夕拾》和《故事新編》中的《補天》、《奔月》和《鑄劍》。見魯迅：《南腔北調集·〈自選集〉自序》，《魯迅全集》第四卷，人民文學出版社 2005 年版，第 468 頁。

他整個生命歷程。童年時期的他沉浸在圖畫中，那些「人面的獸，九頭的蛇」〔註31〕激發了他的想像力，也爲枯燥乏味的私塾生活增添了些許樂趣。中國文字的繁難，經義的晦澀，課堂的呆板，與那「畫著冥冥之中賞善罰惡的故事」〔註32〕的《玉曆鈔傳》比起來，自然是後者有吸引力得多。魯迅此後一直保持著對繪畫的興趣，購買了很多美術作品，自刻印章，並多次參觀遊覽古迹。這些充滿生機和想像的民間美術作品，是促使魯迅對藝術萌發興趣的發酵劑，可能對他以後的文學創作也產生影響。

在日本期間，魯迅對浮世繪很感興趣，並下力氣搜集了一些。他晚年在給友人寫的信中曾表示：「關於日本的浮世繪師，我年輕時喜歡北齋，現在則是廣重，其次是歌麿。寫樂曾備受德國人的讚賞，我讀了二三本書，想瞭解他」。〔註33〕可見，他對浮世繪是一直關注的。對於其價值，他認爲，「日本的浮世繪，何嘗有什麼大題目，但它的藝術價值卻在的。」〔註34〕魯迅在日本生活長達七年，浮世繪作爲瞭解日本文化的重要窗口，對其以後的文學創作可能會發生影響。

魯迅在北京時，花了相當多的時間精力搜集研究碑拓以及漢魏六朝畫像。以後在文字中，他多次對漢畫像這種古老的藝術讚歎不已。他曾對摯友許壽裳說：「漢畫像的圖案，美妙無倫，爲日本藝術家所採取。即使是一鱗一爪，已被西洋名家交口贊許，說日本的圖案如何了不得，了不得，而不知其淵源固出於我國的漢畫呢。」〔註35〕魯迅不僅通過漢畫像瞭解當時人的生活狀態，而且對於其反映出來的漢朝人雄渾闊大的生命氣象更是傾慕不已。長期浸淫其間的魯迅，文學創作可能從中借力不少。

從上述魯迅三個不同生命階段所喜愛的美術作品中，我們可以看到他審美習慣的延續性和一致性。無論是童年時代的民間繪畫，青年時代的日本浮

〔註31〕魯迅：《朝花夕拾·阿長與〈山海經〉》，《魯迅全集》第二卷，人民文學出版社 2005 年版，第 254 頁。

〔註32〕魯迅：《朝花夕拾·二十四孝圖》，《魯迅全集》第二卷，人民文學出版社 2005 年版，第 259 頁。

〔註33〕魯迅：《書信·340127〔日〕致山本初枝》，《魯迅全集》第十四卷，人民文學出版社 2005 年版，第 282 頁。

〔註34〕魯迅：《書信·350204 致李樺》，《魯迅全集》第十三卷，人民文學出版社 2005 年版，第 372 頁。

〔註35〕許壽裳：《亡友魯迅印象記·許壽裳回憶魯迅全編》，上海文化出版社 2006 年版，第 41 頁。

世繪，還是人到中年以後的漢畫像，它們都具備以下特點：一是描繪了充滿奇異想像力的鬼神世界；二是以活潑的充滿生氣的民風民俗作爲主要表現內容。

　　除了以上三種美術作品，文人畫這種頗具中國特色的繪畫在魯迅的購書中，也佔據了很大的比重。他與當時最重要的文人畫畫家陳師曾，是交往密切的朋友。魯迅不僅接受陳師曾爲自己做的畫並珍藏，而且還主動「從陳師曾索得畫一幀」〔註36〕，可見對其的看重。魯迅對文人畫的寫意務虛有批評，但對其藝術成就也用「偉大」〔註37〕一詞來形容。這從中可以看出他基於現實所發出的意見與審美習慣的衝突，但在這種矛盾中，他也在思考著中國未來美術的新路。

　　上述四種美術類型，是魯迅在從事文學創作之前就有過密切接觸的。如果說魯迅的美術素養對他的文學創作產生影響的話，那麼也只能是這四種美術類型。由於魯迅較爲具體的美術活動主要集中在後期，所以以往的研究多將注意力集中到版畫活動中，並分析與文學作品之間的聯繫。但魯迅在後期才注意到的美術家們怎麼可能對前期的文學創作發揮作用呢？從事文學創作之前的魯迅所積累的美術素養的相關資料較少，它們所發揮的作用也被後期的美術活動所遮蔽。論著通過對魯迅所接觸到的上述四種美術類型的資料梳理，努力分析出他所喜愛美術作品的類型特徵，並嘗試研究它們對魯迅的文學創作產生的影響。

〔註36〕魯迅：《日記‧19210110》，《魯迅全集》第十五卷，人民文學出版社 2005 年版，第 421 頁。

〔註37〕魯迅：《書信‧350204 致李樺》，《魯迅全集》第十三卷，人民文學出版社 2005 年版，第 372 頁。

第一章　魯迅生平美術事略

第一節　魯迅的美術活動

　　許壽裳曾這樣總結魯迅的美術活動：「魯迅的愛好藝術，自幼已然，愛看戲，愛描畫，中年則研究漢代畫像，晚年則提倡版畫」。〔註1〕魯迅自幼便喜歡畫畫。據周作人回憶，「魯迅從小就喜歡看花書，也愛畫幾筆，雖然沒有後來畫活無常的那麼好，卻也相當的可以畫得了」〔註2〕待到他到了日本，對繪畫仍保持興趣。當時在弘文學院和魯迅同住一個宿舍的陳師曾，就是後來頗有影響的美術家。弘文學院雖以教授日語為主，但也開設普通科課程，其中就有圖畫課〔註3〕，因為是選修課，魯迅有沒有修這門課不能確定，但陳師曾應該是選修了這門課的。同這樣一個畫家住在一起，並且是非常好的朋友，魯迅應當從他那裡學習到了不少的美術知識。他在日本時很喜歡日本的浮世繪，據周作人回憶，「那時浮世繪出版的風氣未開，只有審美書院的幾種、價目貴得出奇，他只好找吉川弘文館舊版新印的書買，主要是自稱『畫狂老人』的那葛飾北齋的畫稿，平均每冊五十錢，陸續買了好些」。〔註4〕當然，魯迅

〔註1〕許壽裳：《亡友魯迅印象記·許壽裳回憶魯迅全編》，上海文化出版社2006年版，第11頁。
〔註2〕周啟明：《魯迅的青年時代》，魯迅博物館、魯迅研究室、《魯迅研究月刊》選編《魯迅回憶錄：專著》（中冊），北京出版社1999年版，第925頁。
〔註3〕敬文：《魯迅在弘文學院到底學些什麼》，山東師範學院聊城分院中文系圖書館編《魯迅在日本》，山東師範學院聊城分院1978年版，第40頁。
〔註4〕周遐壽：《魯迅的故家》，《魯迅回憶錄：專著》（中冊），魯迅博物館、魯迅研究室、《魯迅研究月刊》選編《魯迅回憶錄：專著》（中冊），北京出版社1999年版，第1052頁。

的美術活動主要是歸國以後，這又可分為北京時期和上海時期。

在北京時期，由於魯迅深諳美術對於涵養人的情思的巨大作用，所以深得主張以「美育代宗教」教育方針的蔡元培的嘉許。許壽裳回憶，「這種教育方針，當時能體會者還很寥寥，惟魯迅深知其原意；蔡先生也知道魯迅研究美學和美育，富有心得，所以請他擔任社會教育司第一科科長，主管圖書館、博物館、美術館等事宜。」〔註5〕教育部在「一九一二年九月十二日成立了一個美術調查處，目的是為了給計劃建立的美術館、博物館『美術部』及古物調查出版等進行一些研究和準備工作」，魯迅「參加了這個處的領導工作」。〔註6〕此外，魯迅還親身參與美術的宣講活動，在 1912 年六七月份教育部組織的夏季講演會上主講《美術略論》。1913 年 2 月，發表《擬播布美術意見書》。1913年至 1914 年間，組織籌辦為期一個月的全國兒童藝術展覽會，並選出優秀作品赴巴拿馬萬國博覽會參展。

魯迅在北京期間廣泛搜求畫像和拓片，「自 1915 年至 1924 年（其中缺 1922 年記載）就達 1500 餘枚。」〔註7〕魯迅有意將其編印成冊，但由於資金問題，終於沒有能夠實現。據王心棋統計，魯迅一生收集的拓片在五千張以上，而 1915 年至 1918 年是其收集金石拓本的旺盛期。「為了較全面的研究各地的金石藝術，魯迅不斷地擴大搜集範圍，不僅多次請人在陝西、山西、山東、浙江等地收購拓本或摹拓碑碣，甚至不惜工本，託人在新疆『打碑』。」〔註8〕

對於魯迅在發表《狂人日記》之前的「鈔古碑」〔註9〕生活，多數學者囿於魯迅的說法，認為這是為了排除無可驅遣的寂寞而做的無聊的打發時光的舉動。這在魯迅看來或許真的如此，但實際上並非全無意義，況且這些活動也沒有隨著他創作的開始而結束，而是一直持續到了他生命的終點。魯迅在 1926 年 12 月 31 日致李小峰的信中言及來廈門的打算時說道：「還希望將先前所集成的《漢畫像考》和《古小說鈎沈》印出。」〔註10〕它不僅對於傳

〔註 5〕 許壽裳：《亡友魯迅印象記·許壽裳回憶魯迅全編》，上海文化出版社 2006 年版，第 40 頁。

〔註 6〕 孫瑛：《魯迅在教育部》，天津人民出版社 1979 年版，第 28 頁。

〔註 7〕 王心棋編著《魯迅美術年譜》，嶺南美術出版社 1986 年版，第 56 頁。

〔註 8〕 王心棋編著《魯迅美術年譜》，嶺南美術出版社 1986 年版，第 71 頁。

〔註 9〕 魯迅：《吶喊·自序》，《魯迅全集》第一卷，人民文學出版社 2005 年版，第 440 頁。

〔註 10〕 魯迅：《華蓋集續編·廈門通信（三）》，《魯迅全集》第三卷，人民文學出版

統文化的整理有益，而且更著眼於以具體可觀的實物管窺古時的社會風尚及審美習慣，而這些對於今人的生活也有著重要的借鑒意義。

在 1918 年魯迅決定開始寫些文字的時候，也於本年 12 月 29 日的《每周評論》第 2 號的「新刊批評」欄裏發表《美術雜誌第一期》專文，表達對當下美術的看法，並指出其中的問題。如果說 1918 年是魯迅在 1907 年創辦《新生》雜誌失敗後又重新拾起以文字的方式表達自我的話，那麼對美術的關注和推介則是貫穿了他一生的活動。美術作品以直觀可感的方式涵養人的心靈，比起文字在啓蒙方面有著不可替代的作用，況且對於當時文化程度普遍低下的國人，再加以漢字的不易學習，美術更容易獲得啓迪人心的效果。魯迅不僅在日本時廣泛搜集各種美術作品，而且在回國以後至錢玄同的來訪十幾年間，對於美術作品的搜集、整理和推廣，做了大量工作。魯迅於 1912 年 11 月為紹興《天覺報》創刊作《如松之盛》（圖 2〔註 11〕）贈之。「《如松之盛》圖，長 24 公分、寬 19.5 公分，作一枝幹蒼勁、嫩葉如針的青松，傲岸挺拔，不畏風寒，象徵《天覺報》的蓬發生機。畫面利用松樹枝杈，勾畫出『天覺』兩字的造型，並與下端的題款聯成『天覺如松之盛』的畫意，以寄託作者的殷切期望和良好祝願，署『預才祝』。」〔註 12〕1917 年 8 月，魯迅應蔡元培先生之邀為北大設計徽章（圖 3〔註 13〕）和校旗。

由於美術作品的創作和傳播都需要巨大的人力、財力支持，所以魯迅本人的創作並不多，但在力所能及的範圍，他總是為美術活動上下奔波。多數人以為從事木刻運動是魯迅晚年的舉動，但據許欽文回憶，在 1924 年 12 月 3 日，魯迅與美術家陶元慶初次見面時，「魯迅先生就談起木刻來，說這不但容易通俗化而普及，而且材料容易辦到，即使到了戰爭的時候，也是可以藉此繼續進行宣傳的。」〔註 14〕可見他從很早的時候就考慮採用何種辦法以便有效普及美術作品，到了上海以後，他仍堅持這個想法，「我的私見，以為在印刷術未曾發達的中國，美術家倘能兼作木刻，是頗為切要的，因為容易印刷而不至於很失真，因此流佈也能較廣遠，可以不再如巨幅或長卷，固定一處，

社 2005 年版，第 413 頁。
〔註 11〕 王錫榮：《魯迅的藝術世界》，江蘇文藝出版社 2009 年版，第 3 頁。
〔註 12〕 王心棋編著《魯迅美術年譜》，嶺南美術出版社 1986 年版，第 40 頁。
〔註 13〕 王錫榮：《魯迅的藝術世界》，江蘇文藝出版社 2009 年版，第 143 頁。
〔註 14〕 許欽文：《學習魯迅先生》，上海文藝出版社 1959 年版，第 32 頁。

僅供幾個人的鑒賞了。」〔註15〕但也只有到了上海，他才有較爲充足的時間、精力和財力出版一些畫冊，並組織一群年輕人從事具體的木刻運動。

魯迅到了上海以後，不惜斥鉅資大量購買各種美術作品，以 1930 年爲例：

> 本年，魯迅買書達到了最高峰。全年收之於「編輯費」共9次，計2700元。但魯迅用它來購買了大量畫冊和馬克思主義書籍。所購美術類書籍有《世界美術全集》、《世界出版美術史》、《臺尼畫集》、《新洋畫研究》、《造型美術概論》、《浮世繪大成》以及大量的外國版畫、書籍插圖，僅購書費資達 2404.50 元。〔註16〕

圖2　《如松之盛》

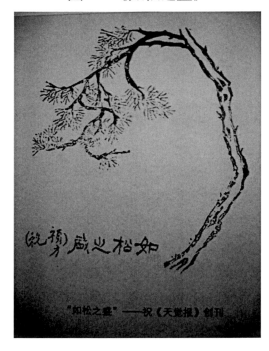

"如松之盛" ——祝《天覺報》創刊

〔註15〕魯迅：《集外集・〈奔流〉編校後記・十》，《魯迅全集》第七卷，人民文學出版社 2005 年版，第 192 頁。
〔註16〕王心棋編著《魯迅美術年譜》，嶺南美術出版社 1986 年版，第 166～167 頁。

圖 3　魯迅設計的北大校徽（上）和北大現在校徽（下）

在這些書費裏面，美術類的圖書無疑是費錢最多的。僅「Die Schaffenden 第二至四年三帖」就花去 370.50 元之多，「德國原枚〔板〕木刻十一枚」則高達 120 元，「ZEMENT 插畫木刻十枚」要費錢 141.30 元。〔註17〕魯迅不僅自己大量購買美術作品，而且託朋友從國外想方設法搜集寄到國內來。爲了從蘇聯朋友那裡得到版畫，魯迅從國內購買大量他們所希望得到的宣紙寄給他們，有時宣紙在出境時被查扣，他就託人從日本購買了再轉寄蘇聯。

　　除了大量購買美術作品，魯迅與當時的美術社團關係密切，或親身參與，或予以幫助，如朝花社（1928 年）、中國左翼美術家聯盟（1930 年）、時代美術社（1930 年）、一八藝社（1931 年）、木刻講習所（1931 年）、春地畫會（1932 年）、野風畫會（1932 年）、木鈴木刻研究會（1933 年）、野穗社（1933 年）、榴花社（1933 年）、M.K 木刻研究社（1933 年）、無名木刻社（1934 年）、鐵木藝術社（1934 年）、廣州現代版畫研究會（1934 年）、平津木刻研究會（1935 年）和鐵馬版畫社（1936 年）等。

〔註17〕魯迅：《日記・1930 年書帳》，《魯迅全集》第十六卷，人民文學出版社 2005 年版，第 228、228、233 頁。

　　魯迅在上海期間還組織、參與了多次各種類型的美術展覽會，如外國版畫
藏品展覽會（1930 年 10 月 4 日）、德國作家版畫展覽會（1931 年 11 月 26 日、
12 月 7 日；1932 年 6 月 4 日）、外國木刻藏品展覽會（1933 年 10 月 14 日）、
俄法書籍插圖展覽會（1933 年 12 月 2 日）、巴黎中國革命美術展覽會（1934
年 1 月 17 日、3 月）、第一屆全國木刻聯合流動展覽會（1935 年 6 月 4 日）、
蘇聯版畫展覽會（1936 年 2 月 23 日）和第二屆全國木刻聯合流動展覽會（1936
年 10 月 8 日）等。在這些展覽中，魯迅都是極為用心的。許廣平在回憶魯迅
舉辦的第一次外國版畫藏品展覽時說，「一切會場布置，以及圖片的安排，都
是煞費苦心的。配合光線，引起美感，……這一次展覽會很引起各方注意，至
少逐漸喚起文化界對於木刻的認識了。」〔註18〕1932 年 6 月 4 日，「逾期半年
的德國作家版畫展覽會，經漢嘉堡夫人和魯迅的籌劃，於本日開幕。魯迅從出
借版畫藏品、裝鏡框以及撰寫介紹文章，為畫展費了不少的心力。」〔註19〕

　　魯迅為了給當時的美術工作者以具體的參考，還編印了很多中外美術作
品，而這些作品又多是造價昂貴，甚至收不回成本的。他編印成書的就有：

　　　　《近代木刻選集》（一、二）；

　　　　《蕗谷虹兒畫選》；

　　　　《比亞茲萊畫選》；

　　　　《新俄畫選》；

　　　　《梅斐爾德木刻士敏土之圖》；

　　　　《一個人的受難》；

　　　　《北平箋譜》；

　　　　《引玉集》；

　　　　《木刻紀程》；

　　　　《十竹齋箋譜》；

　　　　《凱綏‧珂勒惠支版畫選集》；

　　　　《蘇聯版畫集》；

　　　　《死魂靈百圖》。

　　另外，已編好但沒有出版的有：

〔註18〕許廣平：《關於魯迅的生活》，魯迅博物館、魯迅研究室、《魯迅研究月刊》選
　　　　編《魯迅回憶錄：專著》（中冊），北京出版社 1999 年版，第 727～728 頁。
〔註19〕王心棋編著《魯迅美術年譜》，嶺南美術出版社 1986 年版，第 189 頁。

《俟堂專文雜集》；

《漢唐畫像選集》；

《六朝及唐之土俑選集》；

《陳老蓮博古葉子》；

《德國版畫集》；

《E・蒙克版畫集》；

《拈花集》；

《麥綏萊勒漫畫集》；

《鐵流》之圖；

《城與年》之圖。

魯迅爲了提高木刻青年的技藝水平，專門請日本版畫家、內山完造的弟弟內山嘉吉給爲期六天的「木刻講習會」授課，魯迅親自擔任翻譯。據內山嘉吉回憶，魯迅爲了酬謝他，

> 講習會第四天的下午，魯迅先生來到家兄的書店，給我送來非常珍貴的禮物——德國著名版畫家凱綏・珂勒惠支的版畫。一幅銅版畫和六幅一套的石版畫《織匠》（《織工起義》），這是每一幅上都有珂勒惠支鉛筆簽名的難得的佳品。可能是魯迅先生親自加上襯紙，並在另紙上加上畫題，還在上面簽上魯迅的名字和贈予我的姓名。這一定是魯迅先生非常珍愛的收藏品，當時在日本恐怕也沒有第二份；欣喜之餘，不禁又感到惶悚。〔註20〕

這一定是魯迅非常喜歡的作品，但他爲了提高中國當時的木刻水平，毅然割愛。

至於將收集到的版畫翻印傳播，魯迅更是時時不能忘懷。「至於得到的木刻，我日日在想翻印，現在要躊躕一下的，只是經濟問題，但即使此後窘迫，則少印幾張就是，總之是一定要紹介。」〔註21〕甚至在生命受到威脅時，他仍以大無畏的精神堅持這一事業。「一星期前，北平有兩個和我興趣相同的朋友被捕了。怕不久連翻刻舊畫本的人都沒有了，然而只要我還活著，不管刻

〔註20〕〔日〕：內山嘉吉、奈良和夫：《魯迅與木刻》，韓宗琦譯，人民美術出版社 1985年版，第 11 頁。

〔註21〕魯迅：《書信・331125 致曹靖華》，《魯迅全集》第十二卷，人民文學出版社 2005年版，第 505 頁。

多少頁，做多久，總要做下去。」〔註22〕魯迅甚至覺得如果收集到的版畫流失，則「比失了生命還可惜的」。〔註23〕

第二節　魯迅人生與文學中的美術影響

　　魯迅不僅在幼時就表現出對美術的極大興趣，也不僅對書籍的裝幀、封面設計、插圖極其重視，積極向讀者推薦國內外各種優秀作品，親身參與木刻運動，更重要的是，美術也是影響他改變人生軌迹的重要因素。

　　魯迅在日本學醫時，由於有繪畫的功底，因此在畫解剖圖時就起了不小的作用。但在多年以後回憶藤野先生的那篇文章裏，卻提到了一件頗有意味的事：

　　　　可惜我那時太不用功，有時也很任性。還記得有一回藤野先生將我叫到他的研究室裏去，翻出我那講義上的一個圖來，是下臂的血管，指著，向我和藹的說道：

　　　　你看，你將這條血管移了一點位置了。——自然，這樣一移，的確比較的好看些，然而解剖圖不是美術，實物是那麼樣的，我們沒法改換它。現在我給你改好了，以後你要全照著黑板上那樣的畫。

　　　　但是我不服氣，口頭答應著，心裏卻想道：

　　　　圖還是我畫的不錯；至於實在的情形，我心裏自然記得的。

〔註24〕

從這段對話中可以看出，魯迅畫的圖是把審美作爲首要追求目標的。這種潛在的思維方式對於魯迅以後的棄醫從文有著很大的影響。或許人們不一定就能夠按照自己最合適的路去選擇職業，但幸運的是，魯迅聽到了自己內心的聲音，這也是中國文學之幸。他後來由於幻燈片事件棄醫從文，對繪畫的喜愛也許是促成他做出此決定的潛在內因之一。在多年以後描述這一轉變所朝向的新的人生目標時，他說道：

〔註22〕魯迅：《書信・340807 致增田涉》，《魯迅全集》第十四卷，人民文學出版社2005年版，第317頁。

〔註23〕魯迅：《集外集拾遺・〈引玉集〉後記》，《魯迅全集》第七卷，人民文學出版社2005年版，第436頁。

〔註24〕魯迅：《朝花夕拾・藤野先生》，《魯迅全集》第二卷，人民文學出版社 2005年版，第315頁。

　　　　所以我們的第一要著，是在改變他們的精神，而善於改變精神
　　　的是，我那時以爲當然要推文藝，於是想提倡文藝運動了。在東京
　　　的留學生很有學法政理化以至警察工業的，但沒有人治文學和美
　　　術；〔註25〕

這裡的文藝當然不只是單指文學，後面更明確指出是「文學和美術」。魯迅
在籌辦《新生》雜誌時，「第一期的插圖也已擬定，是英國十九世紀畫家瓦
支的油畫，題云『希望』，畫作一個詩人，包著眼睛，抱了豎琴，跪在地球
上面。」〔註26〕這副插畫的題目「希望」和雜誌的名字「新生」都是寄寓在
將來的意思。魯迅不僅由於影像刺激改變了人生路向，而且將以後的人生也
定位在文學與美術上。他晚年時，當捷克漢學家普實克來信表示欲付他翻譯
《吶喊》的稿酬時，他婉言謝絕，但表示，「對於捷克，我卻有一種希望，
就是：當作報酬，給我幾幅捷克古今文學家的畫像的複製品，或者版畫
（Graphik），因爲這紹介到中國的時候，可以同時知道兩個人：文學家和美
術家。」〔註27〕這種將美術與文學並舉的做法甚至在他的遺囑裏也有體現，
「孩子長大，倘無才能，可尋點小事情過活，萬不可去做空頭文學家或美術
家。」〔註28〕可見魯迅始終是視「文學和美術」同等重要的。

　　在魯迅遇到心靈伴侶許廣平後，兩人通信的過程中，魯迅曾手繪《刺蝟
撐傘圖》贈之。魯迅在北京寓所的園子裏捉到兩隻小刺蝟，許廣平和同學們
都很喜歡逗它們玩，後來卻逃脫了。許廣平在一個雨天撐傘來探望魯迅。魯
迅在後來的信中，附了一幅圖給許廣平，繪一隻小刺蝟很神氣地撐著傘走路。
由於這幅圖已失，繪製的具體時間無法確定，所以不知這幅圖是出現在戀愛
之前的朦朧階段，還是正式開始交往以後。但魯迅藉此表達對許廣平的親近
之感則是無需懷疑的。這幅圖將許廣平幻化爲自己丟失的小動物，而神情則
是許廣平所獨有的昂然，這中間再以同是在下雨天這樣的環境裏，個中意味，
頗爲深長。許廣平和魯迅對這幅畫都極爲重視，希望能夠再找到，但由於從

〔註25〕魯迅：《吶喊‧自序》，《魯迅全集》第一卷，人民文學出版社 2005 年版，第
　　　　439 頁。
〔註26〕周遐壽：《魯迅的故家》，魯迅博物館、魯迅研究室、《魯迅研究月刊》選編
　　　　《魯迅回憶錄‧專著》（中冊），北京出版社 1999 年版，第 1049～1050 頁。
〔註27〕魯迅：《書信‧360723 致雅羅斯拉夫‧普實克》，《魯迅全集》第十四卷，人
　　　　民文學出版社 2005 年版，第 389 頁。
〔註28〕魯迅：《且介亭雜文末編‧死》，《魯迅全集》第六卷，人民文學出版社 2005
　　　　年版，第 635 頁。

北京南下的忙亂，終於沒有找到。許廣平認爲這幅畫有很高的價值，「如果還有，那就不讓他手寫的『無常』專美了。」〔註29〕圖象相對於文字而言，有著其不及之處。尤其是在愛情這樣難以言說的幽深領域，文字自有很多局限之處，圖象則可以用巧妙的構圖傳達豐富的含義。這樣的情感表達方式，在魯迅以後與許廣平的通信中也多次顯現著。魯迅對信紙的選擇極爲講究，不僅緣於美觀的需要，更寓含著他眞摯濃烈的情感。1929 年 5 月 15 日，魯迅北上探親，此時的許廣平已有身孕，魯迅所選的兩張信箋上的繪圖，一爲許廣平愛吃的枇杷，一爲飽含蓮子的蓮蓬，用心不可謂不獨特。

魯迅不僅對國外版畫大力紹介，而且對於採用中國傳統木刻方法制作的詩箋也極爲重視。他和鄭振鐸合作編印《北平箋譜》，「北京夙爲文人所聚，頗珍楮墨，遺範未墮，尚存名箋。顧迫於時會，苓落將始，吾儕好事，亦多杞憂。於是搜索市廛，拔其尤異，各就原版，印造成書，名之曰《北平箋譜》。」〔註30〕他將印好的《北平箋譜》「分寄各國圖書館（除法西之意，德，及自以爲紳士之英）」。〔註31〕他還建議鄭振鐸，「此書一出，先生大可以作第二事，就是將那資本，來編印明代小說傳奇插畫，每幅略加解題，仿《箋譜》豫約辦法。」〔註32〕

魯迅在文字上徹底否定傳統，表達了對中國傳統的絕望，倡導「要少——或者竟不——看中國書，多看外國書」，〔註33〕但在美術上卻對中國傳統的作品頗多肯定之處，在感情上，也很少表現出消沉低落的一面。他在《〈引玉集〉後記》裏說：「我已經確切的相信：將來的光明，必將證明我們不但是文藝上的遺產的保存者，而且也是開拓者和建設者。」〔註34〕這樣對所從事的活動自信滿滿的話，在論述中國傳統思想和文學的雜文裏是不多見的。

〔註29〕 許廣平：《關於魯迅的生活》，魯迅博物館、魯迅研究室、《魯迅研究月刊》選編《魯迅回憶錄：專著》（中冊），北京出版社 1999 年版，第 719 頁。
〔註30〕 魯迅：《集外集拾遺·〈北平箋譜〉序》，《魯迅全集》第七卷，人民文學出版社 2005 年版，第 427 頁。
〔註31〕 魯迅：《書信·340111 致鄭振鐸》，《魯迅全集》第十三卷，人民文學出版社 2005 年版，第 6 頁。
〔註32〕 魯迅：《書信·340111 致鄭振鐸》，《魯迅全集》第十三卷，人民文學出版社 2005 年版，第 7 頁。
〔註33〕 魯迅：《華蓋集·青年必讀書》，《魯迅全集》第三卷，人民文學出版社 2005 年版，第 12 頁。
〔註34〕 魯迅：《集外集拾遺·〈引玉集〉後記》，《魯迅全集》第七卷，人民文學出版社 2005 年版，第 441 頁。

在美術領域，他認為傳統的技法有很多可取之處。在致魏猛克的信中談道：「中國舊書上的插畫，我以為可以採用之處甚多」。〔註 35〕在《論「舊形式的採用」》中說：

> 我們有藝術史，而且生在中國，即必須翻開中國的藝術史來。採取什麼呢？我想，唐以前的真迹，我們無從目睹了，但還能知道大抵以故事為題材，這是可以取法的；在唐，可取佛畫的燦爛，線畫的空實和明快，宋的院畫，姜靡柔媚之處當捨，周密不苟之處是可取的，米點山水，則毫無用處。後來的寫意畫（文人畫）有無用處，我此刻不敢確說，恐怕也許還有可用之點的罷。〔註 36〕

在這裡，他不僅充分肯定前人的可取之處，而且對他一向討厭的傳統文人所作的寫意畫，也留下了足夠的討論空間。魯迅認為陶元慶的繪畫「以新的形，尤其是新的色來寫出他自己的世界，而其中仍有中國向來的魂靈——要字面免得流於玄虛，則就是：民族性。」〔註 37〕這裡的「民族性」一詞顯然是在肯定的意義上使用的，而這與其在文學創作中的含義頗不一樣。

在文學思想上，魯迅表達了對傳統要推倒重建的想法，呼籲出現「衝破一切傳統思想和手法的闖將」〔註 38〕；但在美術上，魯迅主張在傳統的基礎上，融合新機，漸進地發展。他在致友人的信中談到，「新的藝術，沒有一種是無根無蒂，突然發生的，總承受著先前的遺產。」〔註 39〕在談到中國新木刻的前途時，他認為，「別的出版者，一方面還正在紹介歐美的新作，一方面則在複印中國的古刻，這也都是中國的新木刻的羽翼。採用外國的良規，加以發揮，使我們的作品更加豐滿是一條路；擇取中國的遺產，融合新機，使將來的作品別開生面也是一條路。」〔註 40〕

〔註 35〕 魯迅：《書信・340403 致魏猛克》，《魯迅全集》第十三卷，人民文學出版社2005 年版，第 61 頁。
〔註 36〕 魯迅：《且介亭雜文・論「舊形式的採用」》，《魯迅全集》第六卷，人民文學出版社 2005 年版，第 24 頁。
〔註 37〕 張光福編注《魯迅美術論集》，雲南人民出版社 1982 年版，第 46 頁。
〔註 38〕 魯迅：《墳・論睜了眼看》，《魯迅全集》第一卷，人民文學出版社 2005 年版，第 255 頁。
〔註 39〕 魯迅：《書信・340409 致魏猛克》，《魯迅全集》第十三卷，人民文學出版社2005 年版，第 70 頁。
〔註 40〕 魯迅：《且介亭雜文・〈木刻紀程〉小引》，《魯迅全集》第六卷，人民文學出版社 2005 年版，第 50 頁。

　　當然，魯迅在論述中國思想文化的未來時，對於傳統也並不總是一筆抹殺。例如他主張新文化應當是「外之既不後於世界之思潮，內之仍弗失固有之血脈，取今復古，別立新宗」〔註41〕；提倡「拿來主義」，對祖上遺留下來的東西，「或使用，或存放，或毀滅」。〔註42〕但這些並不是人們經常聽到的聲音，人們聽到更多的是他對傳統的徹底否定。魯迅對傳統的激烈態度，在於他對傳統文化積弊的深刻瞭解，更在於他看透了時下遍佈中國的各種病相。對這些病竈的揭露、批判，花去了他大量的精力，並使他一次次地捲入到各種論爭中，在明槍暗箭的搏殺中，他的內心也變得傷痕累累，而這些又使得他的攻擊變得更加激烈。正是在這樣的消耗戰中，魯迅對傳統文化中的具體可資借鑒之處給予的論述並不是太多。美術這個沒有那麼多硝煙的領域，給了魯迅更平靜的心態去補足在文學上的失論之處。

　　魯迅在論述美術的作用時認為其「本有之目的，又在與人以享樂」〔註43〕。在緊張的文字創作之餘，美術作品可以調節其生活節奏，使積蓄的壓力得以舒緩釋放，以顏色構成的世界對感官的刺激，使得以文字作為媒介的理性思考獲得新的啓迪。魯迅雖然很少關於美術方面的創作，但長期沉浸在美術世界裏，不僅造就了他高超的鑒賞力，而且對其文學創作也產生了潛移默化的影響。

　　在《我怎麼做起小說來》這篇介紹他的創作經驗時，他談及美術作品的影響：

> 所以我的取材，多採自病態社會的不幸的人們中，意思是在揭出病苦，引起療救的注意。所以我力避行文的嘮叨，只要覺得夠將意思傳給別人了，就寧可什麼陪襯拖帶也沒有。中國舊戲上，沒有背景，新年賣給孩子看的花紙上，只有主要的幾個人（但現在的花紙卻多有背景了），我深信對於我的目的，這方法是適宜的，所以我不去描寫風月，對話也決不說到一大篇。〔註44〕

〔註41〕魯迅：《墳・文化偏至論》，《魯迅全集》第一卷，人民文學出版社 2005 年版，第 57 頁。

〔註42〕魯迅：《且介亭雜文・拿來主義》，《魯迅全集》第六卷，人民文學出版社 2005 年版，第 41 頁。

〔註43〕張光福編注《魯迅美術年譜》，雲南人民出版社 1982 年版，第 5 頁。

〔註44〕魯迅：《南腔北調集・我怎麼做起小說來》，《魯迅全集》第四卷，人民文學出版社 2005 年版，第 526 頁。

這段話裏包含了兩個層面的意思。一方面表明魯迅行文的簡潔風格是服務於文學啓蒙的目的的，另一方面則說明了中國舊戲和花紙對文學創作的影響，而這兩者又是聯繫在一起的。魯迅爲了「引起療救的注意」，作文並不追求文字的花團錦簇，而只是希望極快捷地將自己的意思傳達給讀者，而這樣的方式是借鑒了普通百姓生活中較爲熟知的舊戲和花紙的創作方法。

對於插圖在作品中的作用，魯迅也極爲重視。「書籍的插畫，原意是在裝飾書籍，增加讀者的興趣的，但那力量，能補助文字之所不及，所以也是一種宣傳畫。」〔註45〕所以，他對自己出版或編輯的圖書的插畫總是不遺餘力，希望可以得到較好的版本，以達到圖文並茂的效果。他認爲這樣可以增加讀者的閱讀興趣，並拓展他們對作品的理解和想像的空間。由插畫擴展到連環畫，魯迅認爲這對於當時的人們是有益的，「對於這，大眾是要看的，大眾是感激的!」〔註46〕

對於文學和美術的作用，魯迅在《科學史教篇》裏認爲：

> 蓋使舉世惟知識之崇，人生必大歸於枯寂，如是既久，則美上之感情漓，明敏之思想失，所謂科學，亦同趣於無有矣。故人群所當希冀要求者，不惟奈端已也，亦希詩人如狹斯丕爾（Shakespeare）；不惟波爾，亦希畫師如洛菲羅（Raphaelo）；既有康德，亦必有樂人如培得訶芬（Beethoven）；既有達爾文，亦必有文人如嘉來勒（Garlyle）。凡此者，皆所以致人性於全，不使之偏倚，因以見今日之文明者也。〔註47〕

魯迅關於藝術對人生發揮的作用的論述，同樣適用於他自身。美術活動貫穿了魯迅的整個生命，這是魯迅身體和靈魂的休憩地。美術作品的創作比起文學需要更多的前期準備，屬於更小眾的尖端藝術，因此一般人難以涉足，文人相輕的惡習在這裡也不那麼嚴重，魯迅在此領域所受的刺激相應也會較少。這裡可以作爲他靈魂的休憩地，沉浸其中，使由於在雜文戰鬥中磨礪得粗糙的靈魂暫時得以將養。

〔註45〕魯迅：《南腔北調集·「連環圖畫」辯護》，《魯迅全集》第四卷，人民文學出版社 2005 年版，第 458 頁。

〔註46〕魯迅：《南腔北調集·「連環圖畫」辯護》，《魯迅全集》第四卷，人民文學出版社 2005 年版，第 461 頁。

〔註47〕魯迅：《墳·科學史教篇》，《魯迅全集》第一卷，人民文學出版社 2005 年版，第 35 頁。

　　美術不僅僅是魯迅進行啓蒙所依賴的兩翼之一，而且也是文學這一場域的有效補充。在文學領域裏，由於守舊勢力的頑固和強勢，魯迅不得不以極其決絕的姿態，爲新空氣的吹進贏得方寸之地。但這絕不意味著魯迅對於傳統就眞的持全盤否定的態度，他對古代文學的整理也不僅由於上課的需要，而且也寄寓著新生的希望。因此，我們欲全面地瞭解魯迅的思想，不可只看到他在文學創作中所表現出來的激烈，也要看到他在美術領域裏持論的公允平和。本身即是畫家的陳丹青認爲，「五四之後，沒有一個文人之於美術能有魯迅這般的博識而醒豁，可喜他談論美術的用詞、語氣，都是客觀的、平視的，抱持優美的業餘姿態，並不過於褒揚，也未率爾貶斥」。〔註48〕在這裡，他主張在中國傳統的基礎上，採用外來文藝，漸進地創造出新的藝術。他對傳統遺產加以甄別，擇其優良，棄其糟粕，而不像在雜文中所表達的必須在「人」和傳統文化之間做出抉擇。

　　美術也是魯迅產生創造力的源頭活水。美術以直觀感性的色彩和線條涵養著人的情思，滋潤著人的心靈，不僅是個人健全心理的組成部分，也是人的創造力的重要輔助系統。它對魯迅的小說、雜文創作起著潛在的影響，也是支撐魯迅始終保持旺盛創造力的重要因素。

〔註48〕陳丹青：《笑談大先生》，廣西師範大學出版社 2011 年版，第 153 頁。

第二章　魯迅和民間美術

第一節　魯迅接觸的民間美術及對其評價

　　所謂民間美術，「特指在歷史發展過程中，主要由身處社會下層的普通勞動群眾根據自身生活需要而創造、應用、欣賞，並和生活完全融合的美術形式。它不是由材料劃分、功能劃分或形式劃分的美術品類的集合，而是指包括了民間繪畫、民間雕塑、民間建築、民間工藝美術在內的，一個相當寬泛的藝術範疇。」〔註1〕民間美術與當地的民俗文化緊密相關，貼近普通人的現實生活，有著強烈的生活氣息。

　　魯迅自幼喜歡繪畫，所得多是木版或石印的版畫。據周作人回憶，由於祖父科場案的影響，魯迅避難住在大舅父那裡，「正在那時候他才與祖國的偉大文化遺產的一大部分——板畫和小說，真正發生了接觸。明顯的表現便是影寫《蕩寇志》的全部繡像」，並認為「大舅父那裡的這部《蕩寇志》因為是道光年代的木刻原版，書本較大，畫像比較生動，像贊也用篆隸真草各體分書，顯得相當精工。魯迅小時候也隨意自畫人物，在院子裏矮牆上畫有尖嘴雞爪的雷公，荊川紙小冊子上也畫過『射死八斤』的漫畫，這時卻真正感到了繪畫的興味，開始來細心影寫這些繡像。」〔註2〕魯迅在皇甫莊避難的五六個月裏，由於感到人情的冷酷，他把時間精力都用在影寫這些繡像上，有一

〔註 1〕 張道一主編《中國民間美術辭典》，江蘇美術出版社 2001 年版，第 3 頁。
〔註 2〕 周啓明：《魯迅的青年時代》，魯迅博物館、魯迅研究室、《魯迅研究月刊》選
　　　　編《魯迅回憶錄：專著》（中冊），北京出版社 1999 年版，第 793～794 頁。

百頁之多。這些繡相開啓了魯迅對於美術的興趣，想必也給了許多心靈上的溫暖與慰藉。魯迅後來在抱病給《蘇聯版畫集》寫的序言裏說：「參加選擇繪畫，尤其是版畫，我是踐了夙諾的」。〔註3〕「夙諾」是不是那時就許下的不得而知，但他後來從事版畫運動想必是和這最初的相遇有關的。

　　魯迅在自己的文字裏對童年接觸到帶有繡相的或整本的畫譜多有提及。在《阿長與〈山海經〉》裏，提到「上面有很多圖」的清代杭州人陳淏子著的講述園圃花木的《花鏡》，繪圖的《山海經》，宋人注明字音並加插圖的《爾雅音圖》，日本岡元鳳作的將《毛詩》中的動植物等畫出來的《毛詩品物圖考》，還有《點石齋叢畫》和《詩畫舫》等畫譜。在《二十四孝圖》裏，提到有「畫著冥冥之中賞善罰惡的故事，雷公電母站在雲中，牛頭馬面布滿地下」的《文昌帝君陰騭文圖說》和《玉曆鈔傳》，有「下圖上說，鬼少人多」的《二十四孝圖》。在《從百草園到三味書屋》裏，提到帶有繡像的《蕩寇志》和《西遊記》。在《看圖識字》裏，提到幼時看過教婦女婢僕識字的《日用雜字》，認爲「雖然名物的各類並不多，圖畫也很粗劣，然而很活潑，也很像。」在《〈木刻創作法〉序》裏，提到英國人傅蘭雅氏編印的《格致彙編》，「那時我還是一個兒童，見了這些圖，便震驚於它的精工活潑，當作寶貝看。」〔註4〕

　　周作人還提到了一些不見於魯迅文字的繪畫作品，如家裏原有的四本《百美新詠》和一部彈詞《白蛇傳》，任籍長畫的《於越先賢像傳》，《劍俠傳圖》，王磐的《野菜譜》等。購買的有日本人姓小田著的《海仙畫譜》，《名物圖考》，《芥子園畫傳》四集，《天下名山圖詠》，《古今名人畫譜》，《海上名人畫稿》，《晚笑堂畫傳》。〔註5〕

　　魯迅還提到了年畫和春宮畫等民間美術。在《狗‧貓‧鼠》裏，提到了床前貼著的兩張年畫，「一是『八戒招贅』，滿紙長嘴大耳，我以爲不甚雅觀；別的一張『老鼠成親』卻可愛，自新郎新婦以至儐相，賓客，執事，沒有一

〔註3〕 魯迅：《且介亭雜文末編‧〈蘇聯版畫集〉序》，《魯迅全集》第六卷，人民文學出版社2005年版，第615頁。

〔註4〕 魯迅：《南腔北調集‧〈木刻創做法〉序》，《魯迅全集》第四卷，人民文學出版社2005年版，第625頁。

〔註5〕 參見周啓明：《魯迅的青年時代》，魯迅博物館、魯迅研究室、《魯迅研究月刊》選編《魯迅回憶錄：專著》（中冊），北京出版社1999年版，第796～798頁。

個不是尖腮細腿，像煞讀書人的，但穿的都是紅衫綠褲。」他在寫給青年木刻家劉峴的信中還提到了門神，「河南門神一類的東西，先前我的家鄉——紹興——也有，也帖在廚門上牆壁上，現在都變了樣了，大抵是石印的」。〔註6〕據劉峴回憶，「在那年寒假裏，我託松橋兄買了近百種河南朱仙鎮的門神和年畫贈送給先生，他對我國的木版年畫以及漢畫都很有興趣」。〔註7〕魯迅還對他說：「年畫、門畫在紹興稱之謂花紙。朱仙鎮的木版年畫很好，雕刻的線條粗健有力，和其他地方印製的不同，不是細巧雕琢。這些木刻很樸實、不塗脂粉，人物也沒有媚態，顏色很濃重，有鄉土味，具有北方木版年畫的獨有特色」。〔註8〕這些年畫現存於上海魯迅紀念館的還有二十六幅。據王樹村所列的《魯迅收藏年畫目錄》，這二十六幅分別是木版套色年畫《天河配》、《四平山》、《木陽城》、《越虎城》、《羅章跪樓》、《祭塔》、《飛虎山》、《鐵弓緣》和《天台山》，套色門神《秦瓊尉遲恭》、《馬上鞭鐧》、《天官賜福》、《三星在戶》、《五子登科》、《麒麟送子》和《車馬大吉》。此外，還有湖南邵陽木版印年畫《老鼠嫁女》，四川綿竹木版著色年畫《老鼠嫁女》、《拜崑崙》、《高老莊》、《流沙河》和《盜芭蕉扇》，上海石印年畫《連年及第》、《馬上和利》、《九子祝壽》、《今年必發財》和《秋千樂》。〔註9〕

在《瑣記》裏，魯迅還提到了春宮畫，「我看那書上畫著房屋，有兩個人光著身子彷彿在打架，但又不很像。」

除圖書插畫、畫譜和年畫外，對魯迅產生影響的另一重要的民間美術形式是戲劇裏的人物扮相。許壽裳說：「魯迅的愛好藝術，自幼已然，愛看戲，愛描畫」。〔註10〕這裡的戲指的是紹興的地方戲——「大戲」和「目連」。魯迅曾指出二者之間的分別，「一在演員，前者是專門的戲子，後者則是兩者臨時集合的 Amateur——農民和工人；一在劇本，前者有許多種，後者卻好歹總

〔註 6〕魯迅：《書信·附錄一　致劉峴》，《魯迅全集》第十四卷，人民文學出版社 2005 年版，第 405～406 頁。

〔註 7〕劉峴：《永存的記憶》，魯迅博物館魯迅研究室編《魯迅誕辰百年紀念集》，湖南人民出版社 1981 年版，第 133 頁。

〔註 8〕余望傑、任鶴林：《魯迅、劉峴與朱仙鎮年畫》，《魯迅研究月刊》1990 年第 12 期。

〔註 9〕參見王樹村：《魯迅與年畫的收集和研究》，《美術研究》1982 年第 1 期。

〔註 10〕許壽裳：《亡友魯迅印象記·許壽裳回憶魯迅全編》，上海文化出版社 2006 年版，第 40 頁。

只演一本《目連救母記》。」〔註11〕魯迅也曾在目連戲中扮演過義勇鬼的角色。給他留下最深印象的是兩種鬼,「一個帶復仇性的,比別的一切鬼魂更美,更強的鬼魂。這就是『女弔』」,「一種是表現對於死的無可奈何,而且隨隨便便的『無常』」。〔註12〕魯迅專門寫了《女弔》和《無常》兩篇文章來討論他們。在《女弔》裏,「女弔」被描述成「大紅衫子,黑色長背心,長髮蓬鬆,頸掛兩條紙錠,垂手」,「石灰一樣白的圓臉,漆黑的濃眉,烏黑的眼眶,猩紅的嘴唇」。至於「活無常」,魯迅所記得的在《玉曆鈔傳》上的畫像是,「身上穿的是斬衰凶服,腰間束的是草繩,腳穿草鞋,項掛紙錠;手上是破芭蕉扇,鐵索,算盤;肩膀是聳起的,頭髮卻披下來;眉眼的外梢都向下,像一個『八』字。頭上一頂長方帽,下大頂小,按比例一算,該有二尺來高罷;在正面,就是遺老遺少們所戴瓜皮小帽的綴一粒珠子或一塊寶石的地方,直寫著四個字道:『一見有喜』。」〔註13〕戲臺上出現的「活無常」的樣子是,「服飾比畫上還簡單,不拿鐵索,也不帶算盤,就是雪白的一條莽漢,粉面朱唇,眉黑如漆,蹙著,不知道是在笑還是在哭。」〔註14〕有意思的是,魯迅在《朝花夕拾》後記裏,花費很多力氣討論「活無常」的樣子。原因是,他在所搜集到的十個不同版本的《玉曆鈔傳》中遍尋不到自己記憶中的「活無常」,最好只好自己動手畫了一個(圖4)。他所找到的「活無常」一律是如圖4右下方廣州本《玉曆鈔傳》上的模樣,「花袍,紗帽,背後插刀」。魯迅並不認為自己的記憶出了問題,也不願將就採取手頭上的面貌兇惡的「活無常」作插圖,而是自己動手,「添畫一個我所記得的目連戲或迎神賽會中的『活無常』」。〔註15〕有可能是魯迅錯將在戲臺上的「活無常」記成了出現在書上的,因為他也說過,「在廟裏泥塑的,在書上墨印的模樣上,是看不出他那可愛

〔註11〕 魯迅:《且介亭雜文末編·女弔》,《魯迅全集》第六卷,人民文學出版社 2005 年版,第 638 頁。

〔註12〕 魯迅:《且介亭雜文末編·女弔》,《魯迅全集》第六卷,人民文學出版社 2005 年版,第 638 頁。

〔註13〕 魯迅:《朝花夕拾·無常》,《魯迅全集》第二卷,人民文學出版社 2005 年版,第 277 頁。

〔註14〕 魯迅:《朝花夕拾·無常》,《魯迅全集》第二卷,人民文學出版社 2005 年版,第 280 頁。

〔註15〕 魯迅:《朝花夕拾·後記》,《魯迅全集》第二卷,人民文學出版社 2005 年版,第 342 頁。

來的。最好是去看戲。但看普通的戲也不行，必須看『大戲』或者『目連戲』」。
〔註16〕如果記憶沒有出錯，確實存在著一本如魯迅所描述的《玉曆鈔傳》，那麼很可能是由紹興當地的畫工根據戲臺「活無常」的扮相刻印的。由於與流行的形象不同，沒有傳播開來，所以再也找不到了。不管怎樣，就魯迅所描述和所繪製的「活無常」來看，比流行的畫像顯得有活氣，特徵鮮明，神采張揚。

圖4　魯迅手繪活無常

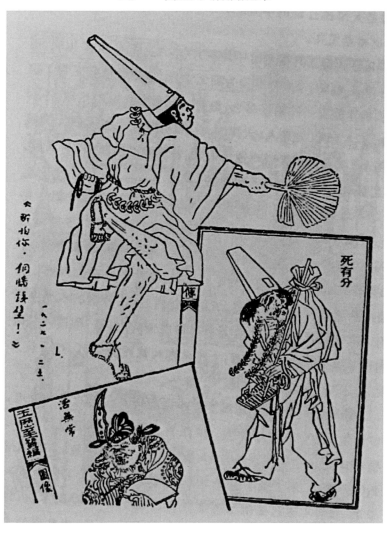

〔註16〕魯迅：《朝花夕拾・無常》，《魯迅全集》第二卷，人民文學出版社 2005 年版，第 279 頁。

　　魯迅在北京時，開始收集的漢畫像，是與漢朝人的墓葬習俗聯繫在一起的民間美術形式。一方面，由於漢畫像產生於人類文明的早期，與上述魯迅所接觸到的民間美術形式處於的時代不同，有學者就認為，「唐宋以前民間美術多未分化出去，文人畫家與市井畫工『鴻溝』不顯」〔註17〕；另一方面，魯迅是成年以後才開始關注的漢畫像，因此，漢畫像單獨放到第四章討論。

　　魯迅對上述民間美術的喜愛，緣於其少時在繁難枯燥的文字之外，提供了觀察社會人生的形象系統，並且由於這是生產者的藝術，濃郁的生活氣息和新鮮活潑的藝術形式，比起刻板僵硬的古文經義，顯得更有吸引力。他後來在自己的文字中對此多有論述。魯迅在提到自己童年的私塾生活時回憶道，「我的小同學因為專讀『人之初性本善』讀得要枯燥而死了，只好偷偷地翻開第一葉，看那題著『文星高照』四個字的惡鬼一般的魁星像，來滿足他幼稚的愛美的天性。昨天看這個，今天也看這個，然而他們的眼睛裏還閃出蘇醒和歡喜的光輝來。」〔註18〕在為「連環圖畫」辯護時，他提到，「書籍的插畫，原意是在裝飾書籍，增加讀者的興趣的，但那力量，能補助文字之所不及，所以也是一種宣傳畫。這種畫的幅數極多的時候，即能只靠圖象，悟到文字的內容，和文字一分開，也就成了獨立的連環圖畫。」〔註19〕這些議論裏，一定是有他切身的體驗在的。除了助人增長知識和滿足愛美的需求，民間美術作為「中國民族美術中群眾性最廣泛、與社會生活關係最密切、歷史文化內涵最豐富、地域最廣闊、民族地域特徵最鮮明的源遠流長的具有代表性的文化形態」，〔註20〕是孕育和滋養其他藝術形式的源頭活水。魯迅在討論文學的歷史發展規律時提到，「舊文學衰頹時，因為攝取民間文學或外國文學而起一個新的轉變，這例子是常見於文學史上的。不識字的作家雖然不及文人的細膩，但他卻剛健，清新。」〔註21〕在美術領域，這種現象也很普遍。由於權貴和文人們脫離具體生活，一味求雅，結果弄得文藝越來越缺乏活力。他以梅蘭芳為例，認為「他未經士大夫幫忙時候所做的戲，自然是俗的，甚

〔註17〕　王樹村：《中國民間美術史》，嶺南美術出版社 2004 年版，第 28 頁。
〔註18〕　魯迅：《朝花夕拾・二十四孝圖》，《魯迅全集》第二卷，人民文學出版社 2005 年版，第 259 頁。
〔註19〕　魯迅：《南腔北調集・「連環圖畫」辯護》，《魯迅全集》第四卷，人民文學出版社 2005 年版，第 458 頁。
〔註20〕　靳之林：《中國民間美術》，五洲傳播出版社 2010 年版，第 9 頁。
〔註21〕　魯迅：《且介亭雜文・門外文談》，《魯迅全集》第六卷，人民文學出版社 2005 年版，第 97 頁。

至於猥下，骯髒，但是潑剌，有生氣。待到化爲『天女』，高貴了，然而從此死板板，矜持得可憐。看一位不死不活的天女或林妹妹，我想，大多數人是倒不如看一個漂亮活動的村女的，她和我們接近。」〔註22〕魯迅喜愛的「無常」和「女弔」，就是底層民眾依據自己的生活所創造出來的「可怖而可愛」〔註23〕的形象。至於「木刻的圖畫，原是中國早先就有的東西。唐末的佛像，紙牌，以至後來的小說繡像，啓蒙小圖，我們至今還能夠看見實物。而且由此明白：它本來就是大眾的，也就是『俗』的。明人曾用之於詩箋，近乎雅了，然而歸結是有文人學士在它全體上用大筆一揮，證明了這其實不過是踐踏。」〔註24〕對於創作力，魯迅認爲，「鄉民的本領並不亞於大文豪」。〔註25〕

在後來的版畫活動中，魯迅一再提到民間美術的價值。「中國舊書上的插畫，我以爲可以採用之處甚多」。〔註26〕「畫法，用中國舊法。花紙，舊小說之繡像，吳友如之畫報，皆可參考，取其優點而改去其劣點。」〔註27〕「我並不勸青年的藝術學徒蔑棄大幅的油畫或水彩畫，但是希望一樣看重並且努力於連環圖畫和畫報的插圖；自然應該研究歐洲名家的作品，但也更注意於中國舊書上的繡像和畫本，以及新的單張的花紙。」〔註28〕在談到中國未來新的版畫藝術時，魯迅認爲，「倘參酌漢代的石刻畫像，明清的書籍插畫，並且留心民間所賞玩的所謂『年畫』，和歐州的新法融合起來，許能夠創出一種更好的版畫。」〔註29〕「我以爲中國新的木刻，可以採用外國的構圖和刻法，但也應該參考中國舊木刻的構圖模樣，一面並竭力使人物顯出中國人的特點

〔註22〕魯迅：《花邊文學・略論梅蘭芳及其他（上）》，《魯迅全集》第五卷，人民文學出版社 2005 年版，第 610 頁。

〔註23〕魯迅：《朝花夕拾・無常》，《魯迅全集》第二卷，人民文學出版社 2005 年版，第 281 頁。

〔註24〕魯迅：《且介亭雜文二集・〈全國木刻聯合展覽會專輯〉序》，《魯迅全集》第六卷，人民文學出版社 2005 年版，第 350 頁。

〔註25〕魯迅：《準風月談・偶成》，《魯迅全集》第五卷，人民文學出版社 2005 年版，第 209 頁。

〔註26〕魯迅：《書信・340403　致魏猛克》，《魯迅全集》第十三卷，人民文學出版社 2005 年版，第 61 頁。

〔註27〕魯迅：《書信・340403　致何家駿、陳企霞》，《魯迅全集》第十二卷，人民文學出版社 2005 年版，第 426 頁。

〔註28〕魯迅：《南腔北調集・「連環圖畫」辯護》，《魯迅全集》第四卷，人民文學出版社 2005 年版，第 460 頁。

〔註29〕魯迅：《書信・350204　致李樺》，《魯迅全集》第十三卷，人民文學出版社 2005 年版，第 373 頁。

來，使觀者一看便知道這是中國人和中國事，在現在，藝術上是要地方色彩的。」〔註30〕

由此可見，魯迅不僅在內容上充分肯定中國民間美術，是緊貼民眾生活的具有勃勃生氣的藝術，而且在技巧上也值得認真學習，是創造新文化的珍貴寶藏。

第二節　民間美術對魯迅文學創作的影響

繡相、插畫、畫譜、年畫和戲劇中的人物扮相等民間美術形式，魯迅從中學習到了豐富的自然和歷史知識，使愛美的天性得以發育成長，激發了對未知世界的好奇心和想像力。這對魯迅以後的文學創作也產生著影響。

首先，由於民俗社會生活是民間美術的源泉，民間美術就成為魯迅深入瞭解底層民眾真實生活的重要渠道，並藉以對中國的國民性進行研究分析。這使得魯迅的文學創作植根於深厚堅實的生活基礎上，言無虛發，直擊標的。他後來在文字中一再強調風俗的價值和功用。1934 年 1 月 12、13 日，奧地利青年木刻家哈爾本在上海美術俱樂部舉辦展覽，魯迅得知後並沒有前去觀看，因為「報上說是外國風景，倘是風俗，我便去看了。」〔註31〕在與臺靜農商量編印自漢至唐的畫像時，魯迅主張「唯取其可見當時風俗者，如遊獵、鹵簿、宴飲之類」。〔註32〕他在指導青年進行木刻時，主張將當地的風俗作為表現對象，如在給羅清楨的信中寫道：「廣東的山水，風俗，動植，知道的人並不多，如取作題材，多表現些地方色採，一定更有意思」。〔註33〕魯迅之所以如此關注民俗，是因為從中可以深入瞭解國民，並認為，「倘不深入民眾的大層中，於他們的民俗習慣，加以研究，解剖，分別好壞，立存廢的標準，而於存於廢，都慎選施行的方法，則無論怎樣的改革，都將為習慣的岩石所

〔註30〕魯迅：《書信・331219　致何白濤》，《魯迅全集》第十二卷，人民文學出版社 2005 年版，第 518～519 頁。
〔註31〕魯迅：《書信・340119　致吳渤》，《魯迅全集》第十三卷，人民文學出版社 2005 年版，第 14 頁。
〔註32〕魯迅：《書信・340609　致臺靜農》，《魯迅全集》第十三卷，人民文學出版社 2005 年版，第 145 頁。
〔註33〕魯迅：《書信・331026　致羅清楨》，《魯迅全集》第十二卷，人民文學出版社 2005 年版，第 467 頁。

壓碎，或者只在表面上浮游一些時。」〔註 34〕魯迅在《二十四孝圖》裏回憶了當初觀看時的感受，「才知道『孝』有如此之難，對於先前癡心妄想，想做孝子的計劃，完全絕望了。」他在《朝花夕拾》的後記裏，花了很多篇幅，通過討論《百孝圖》、《二百卌孝圖》、《女二十四孝圖》和《後二十四孝圖》等書中的曹娥投江與老萊娛親的故事的畫法，顯示出了封建禮教的虛偽與不近人情。對於《文昌帝君陰騭文圖說》和《玉曆鈔傳》這兩部宣傳因果報應的迷信思想畫集，「都畫著冥冥之中賞善罰惡的故事，雷公電母站在雲中，牛頭馬面布滿地下，不但『跳到半天空』是觸犯天條的，即使半語不合，一念之差，也都得受相當的報應。」魯迅感到，「在中國的天地間，不但做人，便是做鬼，也艱難極了」。〔註 35〕

其次，魯迅在文學創作中的形象塑造方面可能會受到民間美術的影響。民間美術是民間藝人將生活中的切身感受，以形象生動的造型表現出來，是現實與想像的統一。創作者往往不根據某一具體事物進行逼真再現，而是根據以往生活的記憶進行創作，反映的是個人對自然和社會的總體印象和感受。在塑造形象時，不求形似，追求神似。這種造型方式被美術界稱為「意象造型」。〔註 36〕如果借用這個詞彙來概括魯迅在文學創作中的形象塑造，也是恰當的。不同的是，民間美術的「意象造型」中，主要傳達的是民間藝人源於民風民俗的感性認識和主觀感受；魯迅的文學形象，則更多地凝聚了依靠理性認識對歷史人生的燭照所獲得的真知洞見。

「意象造型」的首要特徵是具有高度的概括性。「民間美術造型的概括性表現在它從某一類相似的事物中抽象出它們的共同形式。」〔註 37〕《山海經》、《西遊記》和《蕩寇志》的繡相和插畫，反映的是人們對自然和人物的總體認識，並不是根據某一具體物象進行創作。如《山海經》裏「畫著人面的獸，九頭的蛇，三腳的鳥，生著翅膀的人，沒有頭而以兩乳當作眼睛的怪物」。〔註 38〕《西遊記》和《蕩寇志》裏面的妖怪、英雄和壞人也都是類型

〔註 34〕魯迅：《二心集·習慣與改革》，《魯迅全集》第四卷，人民文學出版社 2005 年版，第 229 頁。

〔註 35〕魯迅：《朝花夕拾·二十四孝圖》，《魯迅全集》第二卷，人民文學出版社 2005 年版，第 259 頁。

〔註 36〕參見左漢中：《中國民間美術造型》，湖南美術出版社 2006 年版，第 237 頁。

〔註 37〕左漢中：《中國民間美術造型》，湖南美術出版社 2006 年版，第 227 頁。

〔註 38〕魯迅：《朝花夕拾·阿長與〈山海經〉》，《魯迅全集》第二卷，人民文學出版社 2005 年版，第 254 頁。

化的，人物造型集中某一類人物身上的眾多特點。至於戲劇裏人物的扮相，生旦淨末丑，更是集中概括了社會中某一類型人的特徵。魯迅在談及自己的小說創作時表示，「人物的模特兒也一樣，沒有專用過一個人，往往嘴在浙江，臉在北京，衣服在山西，是一個拼湊起來的腳色。」〔註 39〕這種所謂拼湊的寫法，是為了更加典型地表現某一類人物。這與他在雜文中的批評也是一致的。魯迅認為自己的文章的特點是「砭錮弊常取類型」，並進一步解釋，「蓋寫類型者，於壞處，恰如病理學上的圖，假如是瘡疽，則這圖便是一切某瘡某疽的標本，或和某甲的瘡有些相像，或和某乙的疽有點相同。」〔註 40〕如魯迅在創作阿 Q 這個形象時，便「依了自己的覺察」，「要畫出這樣的沉默的國民的魂靈來」。〔註 41〕阿 Q 的塑造是成功的，以至於「當《阿 Q 正傳》一段一段陸續發表的時候，有許多人都栗栗危懼，恐怕以後要罵到他的頭上。並且有一位朋友，當我面說，昨日《阿 Q 正傳》上某一段彷彿就是罵他自己。」〔註 42〕這是由於魯迅成功把握到了中國人民族性格的缺陷，並將其加以綜合，塑造出來的典型形象。他作品中的孔乙己、閏土、陳士成和祥林嫂等人，更是對中國底層民眾的典型概括。他們身上寓含著歷史，也預示著中國的將來。魯迅不僅從切身的觀察中採取材料，更從對中國的歷史研究中思考中國人現狀的由來。「華夏大概並非地獄，然而『境由心造』，我眼前總充塞著重疊的黑雲，其中有故鬼，新鬼，遊魂，牛首阿旁，畜生，化生，大叫喚，無叫喚，使我不堪聞見。」〔註 43〕因為所塑造的形象凝聚了歷史和現在，所以魯迅認為自己所塑造的阿 Q，「恐怕我所見的並非現代的前身，而是其後，或者竟是二三十年之後。」〔註 44〕民間美術的造型也多承繼歷史發展而來，「具有高度程序化、集體趨同性、承傳穩定性的民間美術獨特的視覺語

〔註 39〕 魯迅：《南腔北調集・我怎麼做起小說來》，《魯迅全集》第四卷，人民文學出版社 2005 年版，第 527 頁。

〔註 40〕 魯迅：《偽自由書・前記》，《魯迅全集》第五卷，人民文學出版社 2005 年版，第 4 頁。

〔註 41〕 魯迅：《集外集・俄文譯本〈阿 Q 正傳〉序及著者自敘傳略》，《魯迅全集》第七卷，人民文學出版社 2005 年版，第 84 頁。

〔註 42〕 魯迅：《華蓋集續編・〈阿 Q 正傳〉的成因》，《魯迅全集》第三卷，人民文學出版社 2005 年版，第 396 頁。

〔註 43〕 魯迅：《華蓋集・「碰壁」之後》，《魯迅全集》第三卷，人民文學出版社 2005 年版，第 72 頁。

〔註 44〕 魯迅：《華蓋集續編・〈阿 Q 正傳〉的成因》，《魯迅全集》第三卷，人民文學出版社 2005 年版，第 397 頁。

言，成為具有象徵含義的觀念性造型符號」，〔註45〕反映的是民間的集體意識和文化觀念。魯迅文學作品中的「意象造型」，雖採用了和民間美術同樣的創作手法，但卻賦予其全新的內涵，體現的是現代知識分子對古老文化靈魂的審視和反思。

「意象造型」的另一重要特點，是綜合運用誇張、變形等手法，突出對象的主要特徵，捨去與表現主題無關的其他方面。這與創作者強烈地表現內心的思想觀念是一致的。小說戲曲中的插圖版畫多為人物畫，意在傳神，往往抓住最能表現人物性格之處進行誇張，或肥，或瘦，或文弱，或英武。年畫由於其裝飾性用途，多表達驅災避邪、吉祥歡樂的主題，因此，畫面中會突出能表現主題的人物特徵，如壽星凸出的額頭，娃娃滾圓的胳膊和武將威嚴的眼神等。魯迅在討論中國戲劇的臉譜時，認為原先由於戲臺的搭法和看客的散漫等原因，所以不得不將臉譜誇大化和漫畫化，但現在由於舞臺的構造和看客的程度已發生變化，因此也沒有了存在的必要了。但他接著說：「然而用在別一種有意義的玩藝上，在現在，我卻以為還是有興趣的。」〔註46〕這應當是針對當時所從事的版畫所說。臉譜用在連環畫或書內的插畫中，再加以誇張的手法，對於表現人物的特徵是很有效果的。魯迅在論及漫畫時表示，「漫畫要使人一目了然，所以那最普通的方法是『誇張』」，並進一步解釋道，「『誇張』這兩個字也許有些語病，那麼，說是『廓大』也可以的。廓大一個事件或人物的特點固然使漫畫容易顯出效果來，但廓大了並非特點之處卻更容易顯出效果。矮而胖的，瘦而長的，他本身就有漫畫相了，再給他禿頭，近視眼，畫得再矮而胖些，瘦而長些，總可以使讀者發笑。」〔註47〕這種廓大是建立在「明確的判斷力和表現的才能」〔註48〕基礎上的，就像給人起的「諢名」，一旦抓住了其特徵，那就會跟隨其一生，怎麼也擺脫不掉。

魯迅在作品中塑造人物形象時，並不平均用力，善於抓住最能表現其精神面貌的特徵進行刻畫。《狂人日記》為了描寫眾人對清醒者的迫害，並不對

〔註45〕張卉編著《中國民間美術教程》，重慶大學出版社 2010 年版，第 236 頁。
〔註46〕魯迅：《且介亭雜文·臉譜臆測》，《魯迅全集》第六卷，人民文學出版社 2005 年版，第 138 頁。
〔註47〕魯迅：《且介亭雜文二集·漫談「漫畫」》，《魯迅全集》第六卷，人民文學出版社 2005 年版，第 241～242 頁。
〔註48〕魯迅：《且介亭雜文二集·五論「文人相輕」──明術》，《魯迅全集》第六卷，人民文學出版社 2005 年版，第 395 頁。

他們每個人都進行詳細的描述，而是集中刻畫他們共同的眼神和奇怪的笑容。如「趙貴翁的眼神便怪：似乎怕我，似乎想害我」；「前面一夥小孩子，也在那裡議論我；眼色也同趙貴翁一樣，臉色也都鐵青」；「一夥青面獠牙人的笑」；「他話中全是毒，笑中全是刀」；「這魚的眼睛，白而且硬，張著嘴，同那一夥想吃人的人一樣」；「張開他鬼眼睛」；「年紀不過二十左右，相貌不很看得清楚，滿面笑容，對我點了頭，他的笑也不像真笑」；「都用了疑心極深的眼光」；「當初，他還只是冷笑，隨後眼光便兇狠起來，一到說破他們的隱情，那就滿臉都變成青色了」；「抿著嘴冷笑」。這些眼神和笑容共同編織成一張密不透風的天羅地網，將一切試圖逃離者湮沒。它雖然沒有展現出哪一個具體人物的面容，但卻清楚地透視出整個社會陳腐酷虐的魂靈。《明天》裏的何小仙，「指甲足有四寸多長」，濟世老店裏的「店夥也翹了長指甲慢慢的看方，慢慢的包藥」，僅此一個細節，就將他們裝模作樣、故弄玄虛的本質揭露出來。《風波》裏的趙七爺，「革命以後，他便將辮子盤在頂上，像道士一般」；但當皇帝坐了龍庭的消息傳來，「趙七爺已經不是道士，卻變成光滑頭皮，烏黑髮頂」，「而且穿著寶藍色竹布的長衫」，「這件竹布長衫，輕易是不穿的，三年以來，只穿過兩次：一次是和他嘔氣的麻子阿四病了的時候，一次是曾經砸爛他酒店的魯大爺死了的時候；現在是第三次了，這一定又是於他有慶，於他的仇家有殃了。」辮子與長衫，將一個趨時善變而又外強中乾的鄉村士紳的形象成功表現出來。《故鄉》在描寫前後三十年閏土的變化時，同樣寫到了氈帽和手，三十年前的閏土「頭戴一頂小氈帽」，現在「他頭上是一頂破氈帽」，「我所記得的紅活圓實的手，卻又粗又笨而且開裂，像是松樹皮了。」前後的對比，時光的流逝和生活的磨損，將我和閏土隔在兩個完全不同的世界裏，美好的回憶瞬間破滅。阿Q頭頂上的癩瘡疤，將他敏感脆弱、自卑而又自大的心理暴露無遺。一塊肥皂，將四銘滿嘴忠孝節義而實際上荒淫無恥的假道學面目無情揭下。屁塞和鼻煙壺，將七大人的朽腐墮落和巨大威壓呈現出來。魯迅有時候還直接以人物的外形特徵指代其本人，如《長明燈》裏的三角臉、方頭和老黑；《離婚》裏的蟹殼臉；《示眾》裏的胖孩子、禿頭、長子、胖大漢和胖臉等。上述這些例子中的人物描寫，魯迅都是抓住最能表現其人物性格的特徵進行表現，目的就在於將其所代表的國民性中的一部分揭露出來。他無心將現實中的人物進行完整的展現，而是以其作為社會病症的樣板進行解剖。魯迅曾說：「所寫的常是一鼻，一嘴，一毛，但合起

來，已幾乎是或一形象的全體」〔註 49〕。這種廓大「一鼻，一嘴，一毛」的特徵描寫人物的方法，與民間美術裏的「意象造型」非常相似。

最後，民間美術以線描作爲最基本的造型手段，主要使用黑白兩色，所形成的造型簡潔、對比強烈的風格，在魯迅的作品裏有著較多的體現。繡相、小說插畫和畫譜，都只用黑白兩色。即使是作爲裝飾畫的年畫，「黑白二色在民間木版年畫中扮演著重要的角色」。〔註 50〕黑白對比所產生的強烈反差，易於將人物凸現出來。魯迅曾說：「只要覺得夠將意思傳給別人了，就寧可什麼陪襯拖帶也沒有。中國舊戲上，沒有背景，新年賣給孩子看的花紙上，只有主要的幾個人（但現在的花紙卻多有背景了），我深信對於我的目的，這方法是適宜的，所以我不去描寫風月，對話也決不說到一大篇。」〔註 51〕這裡提到舊戲和花紙上的沒有背景，其實戲劇對於民間美術的基本造型是有很大影響的。戲劇基本上是農村最主要的娛樂活動，是民眾認識歷史與外界的重要媒介，對民間藝人的構圖和造型產生著潛移默化的作用。由戲劇影響直接催生的戲曲畫，根據戲曲舞臺上的人物形象、衣飾裝扮和場景布置等直接以繪畫的形式再現。省略背景在魯迅的創作中也有較多的體現。在《過客》裏，對於地點的說明僅「或一處」三個字；阿 Q 連姓什麼也不知道；《復仇》裏在曠野中捏著利刃對立的「他們」不知是什麼來歷，也不知緣何在此；《示眾》裏眾人狂奔前去圍觀的刑場也不知殺的是什麼人。

背景的省略，是爲了將視線的焦點全部集中到人物身上來。線描和黑白對比的用色，都是以化繁爲簡的抽象手法，將千姿百態、色彩紛呈的世界，以極簡的形式表現出來。在捨棄了眾多與表現主題無關的細節後，簡潔的線條鑽進浮華世界的內裏，開掘出了一個平常不爲人所見的深邃壯闊的意義空間。在黑白兩色所形成的強烈對比下，愈發顯得充滿力量。用線來造型被認爲是中國美術的主要特徵，「從線與形的關係來說，西方的線塑造形體輪廓、表象特徵，東方美術中的線是裝飾性的線，是事物內在結構的本質節奏」，「中國美術中的線，不僅具有裝飾性，而且包含了作者的情感、氣質、學養、

〔註 49〕魯迅：《準風月談·後記》，《魯迅全集》第五卷，人民文學出版社 2005 年版，第 402 頁。

〔註 50〕向思樓：《民間木版年畫的造型美與色彩美》，《重慶大學學報（社會科學版）》2002 年第 4 期。

〔註 51〕魯迅：《南腔北調集·我怎麼做起小說來》，《魯迅全集》第四卷，人民文學出版社 2005 年版，第 526 頁。

功力，以及對象的質感、力度、神韻，有獨立的審美價值」。〔註52〕民間美術中的線描和黑白用色，體現的是底層民眾認識世界、想像世界的方式。魯迅的文學創作意在「揭出病苦，引起療救的注意」，〔註53〕從民間美術這一凝聚了千百年來國人集體無意識的藝術形式中吸取表現技巧，就成了實現這一目的的最佳選擇。這與以後魯迅的從事版畫運動也是相通的。試看魯迅對祥林嫂的描寫：

> 五年前的花白的頭髮，即今已經全白，全不像四十上下的人；臉上瘦削不堪，黃中帶黑，而且消盡了先前悲哀的神色，彷彿是木刻似的；只有那眼珠間或一輪，還可以表示她是一個活物。她一手提著竹籃，內中一個破碗，空的；一手拄著一支比她更長的竹竿，下端開了裂：她分明已經純乎是一個乞丐了。(《祝福》)

這無疑是一幅木刻畫，人物形象直入人心，極具表現性。其他在如孔乙己、陳士成、呂緯甫、魏連殳、后羿、禹和《鑄劍》中的「黑衣人」等人物，以及「烏鴉」和「鐵線蛇」等動物意象中，都可以看到類似的描寫。

民間美術不僅為魯迅的文學世界提供了具體可視的民間風俗圖景，而且在具體的創作技巧上也發揮著影響。民間美術中的「意象造型」對表現對象的高度概括和抓住主要特徵進行誇張變形的技巧，以及以線描作為最基本的造型手段，主要使用黑白兩色，所形成的造型簡潔、對比強烈的風格，在魯迅的作品裏有著較多的體現。

〔註52〕 林藍：《線・代釋——中國美術中線的特徵及其發展》，《美術學報》2005年第4期。
〔註53〕 魯迅：《南腔北調集・我怎麼做起小說來》》，《魯迅全集》第四卷，人民文學出版社2005年版，第526頁。

第三章　魯迅和浮世繪

第一節　魯迅購藏的浮世繪及對其評價

　　浮世繪是日本江戶時代伴隨著市民階層的興起，出現的反映世俗風物的風俗畫。它的題材涉及到民眾生活的林林總總。從製作手段上，分爲肉筆畫和木版畫，以後者最爲出名。它受到了明清木版插圖和西方繪畫的影響，是日本在世界上最爲著名的美術類型。

　　有關魯迅與浮世繪的關係的研究，江小蕙在 1988 年第 3 期、第 4 期的《魯迅研究月刊》上，分別發表了《從魯迅藏書看魯迅——魯迅與浮世繪》和《從魯迅藏書看魯迅（續）——魯迅與浮世繪》。文章統計了魯迅共收藏有浮世繪書籍十七種三十三冊，繪畫四十二幅。江文總結了魯迅購藏這些書籍的四個特點，一是及時購買新書；二是注重效用，不顧價格昂貴；三是注意書的質量，他不但購買最新出版物，而且多是名家的最新研究成果；四是注意有重點地搜集某些畫作的各種版本。文章除對魯迅重視的鈴木春信、鳥居清長、喜多川歌麿、東洲齋寫樂、葛飾北齋和一立齋廣重等六大浮世繪畫師進行介紹，還談到了魯迅對浮世繪的評價。李允經在《魯迅與中外美術》一書中，有一篇題目爲《魯迅和日本浮世繪》的論文，對日本浮世繪的發展演變歷史進行了概述，並認爲魯迅喜愛北齋和廣重的風景畫、歌麿的人物畫的原因，是因爲他們的作品更有認識價值和藝術價值。

　　江李二人的文章都是從魯迅後期的購書和相關對浮世繪的評價中進行研究，而對魯迅在日期間與浮世繪的接觸沒有涉及。在上海時與魯迅關係密切

的內山完造回憶，「先生對日本的浮世繪感光趣」。〔註1〕魯迅自己說，「關於日本的浮世繪師，我年輕時喜歡北齋」。〔註2〕這裡的年輕時，應當指的是在日本時期。據周作人回憶，魯迅在日本時，「所買畫譜名目可不必列舉，其中比較特別的，有日本畫家葛飾北齋的另種畫本。北齋是日本報畫『浮世繪』大家，浮世繪原本那時很是名貴，就是審美書院複刻的書也都非數十元不可，窮學生買不起，幸而在嵩山堂有木版新印本，雖然不很清楚，價格不貴，平均半元一冊，便買了幾冊來」。〔註3〕周作人稱葛飾北齋的畫譜是特別的，這就是因為浮世繪雖是在受到明清插畫的影響而產生的，但也有自己的特點所致。不像中國明清插畫那樣多為寫實的藝術，浮世繪充滿了誇張和想像，表現了「人生苦短、及時行樂」的思想。李允經將其稱之為「不健康的因素」。〔註4〕但這樣的概括，依據的標準不免過於狹隘。魯迅自己也曾表達過內心的矛盾，「我的意見原也不容易了然，因為其中本有著許多矛盾，教我自己說，或者是『人道主義』與『個人的無治主義』的兩種思想的消長起伏罷。所以我忽而愛人，忽而憎人；做事的時候，有時確為別人，有時卻為自己玩玩，有時則竟因為希望將生命從速消磨，所以故意拚命的做。」〔註5〕魯迅也有很頹廢的時候，並且認為所謂的希望與絕望是相同的。在色情享樂的浮世繪藝術裏，反映的是日本江戶時代真實的社會風氣。

魯迅認為比亞茲萊的畫「極受日本的『浮世繪』（Ukiyoe）的影響」，並進一步分析，認為比亞茲萊畫的人物，因為是頹廢派的緣故，「是瘦削的，頹喪的，對於壯健的女人他有點慚愧」。〔註6〕浮世繪裏雖然也有離世的氣息，但更重要的是表達及時行樂的思想，因此裏面的身體是胖胖的。魯迅在《上海文藝之一瞥》中寫道：「浮世繪雖是民間藝術，但所畫的多是妓女和戲子，

〔註1〕〔日〕內山完造：《我的朋友魯迅》，何花、徐怡等譯，北京聯合出版公司2012年版，第42頁。

〔註2〕魯迅：《書信·340127〔日〕致山本初枝》，《魯迅全集》第十四卷，人民文學出版社2005年版，第282頁。

〔註3〕周啓明：《魯迅的青年時代》，魯迅博物館、魯迅研究室、《魯迅研究月刊》選編《魯迅回憶錄：專著》（中冊），北京出版社1999年版，第819頁。

〔註4〕李允經：《魯迅與中外美術》，書海出版社2005年版，第166頁。

〔註5〕魯迅：《書信·250530　致許廣平》，《魯迅全集》第十一卷，人民文學出版社2005年版，第493頁。

〔註6〕魯迅：《二心集·上海文藝之一瞥》，《魯迅全集》第四卷，人民文學出版社2005年版，第300頁。

胖胖的身體，斜視的眼睛——Erotic（色情的）眼睛」。對於這些畫作，魯迅在給李樺的信中寫道，「日本的浮世繪，何嘗有什麼大題目，但它的藝術價值卻在的。」〔註7〕魯迅對於當時的日本木刻有著不同於浮世繪的看法，「日本的黑白社，比先前沉寂了，他們早就退入風景及靜物中，連古時候的『浮世繪』的精神，亦已消失。目下出版的，只有玩具集，範圍更加縮小了，他們對於中國木刻，恐怕不能有所補益。」〔註8〕在給劉峴的信中，他也持同樣看法，「他們的風氣，都是拚命離社會，作隱世氣息，作品上，內容是無可學的，只可以採取一點技法」。〔註9〕所謂的「浮世繪」的精神，指的是與社會緊密結合在一起，真實深入地反映社會中人的生活狀態。只有如此，人們在觀賞繪畫時，才可以體味到真實的人的呼吸，從而發生感動。

　　魯迅在提倡版畫運動時，基於當時的實際情況，提倡青年木刻家要與現實生活相聯繫，打好素描的基本功，追求寫實的藝術風格。但擴大到審美領域，魯迅並不局限於此，僅以他後期紹介的木刻家為例，「珂勒惠支是深沉的、悲劇的、濃黑色的、自覺歸屬無產階級；梅斐爾德是神經質的、敏於陰鬱的力度，傾向自我毀滅；麥綏萊勒是野性的、飽含青春的苦澀，同時是平民的；而比亞茲萊是情色的、戲謔的、幽靈式的、映射十九世紀尾端歐洲資產階級的末世情調」。〔註10〕只要是能反映某一類人的魂靈的作品，魯迅都是承認其價值的。李樺於1934年在廣州創建「現代創作版畫研究會」，到1937年結束，共出版《現代版畫》18期。他們將每期都寄給魯迅。魯迅在指導其創作時指出，「現在有許多人，以為應該表現國民的艱苦，國民的戰鬥，這自然並不錯的，但如自己並不在這樣的漩渦中，實在無法表現，假使以意為之，那就決不能真切，深刻，也就不成為藝術。所以我的意見，以為一個藝術家，只要表現他所經驗的就好了」。〔註11〕他接下來就以日本的浮世繪作為例子，證明其是有價值的。針對當時的蘇聯有些評論家，批評《現代版畫》裏的內容小

〔註7〕　魯迅：《書信‧350204致李樺》，《魯迅全集》第十三卷，人民文學出版社
　　　　2005年版，第372頁。
〔註8〕　魯迅：《書信‧350404致李樺》，《魯迅全集》第十三卷，人民文學出版社
　　　　2005年版，第433頁。
〔註9〕　魯迅：《附錄一‧致劉峴》，《魯迅全集》第十四卷，人民文學出版社2005年
　　　　版，第406～407頁。
〔註10〕陳丹青：《笑談大先生》，廣西師範大學出版社2011年版，第153頁。
〔註11〕魯迅：《書信‧350204致李樺》，《魯迅全集》第十三卷，人民文學出版社2005
　　　　年版，第372頁。

資產階級的氣息太重，魯迅並不認同這樣的批評，而是認爲，「這是意識如此，所以有此氣分，並非因此而有『意識墮落之危險』，不過非革命的而已」，由此「我們還可以看見社會中一部分人的心情的反映」。〔註12〕這樣的評價，不僅僅因爲魯迅比起那些左翼批評家對於「非革命的藝術」更寬容，更重要的是，魯迅認爲只要是忠實於生活、忠實於心靈的藝術都是有價值的，這與左翼批評家將藝術視爲政治的工具截然不同。

魯迅在晚年寫給日本友人山本初枝的信中說道：「關於日本的浮世繪師，我年輕時喜歡北齋，現在則是廣重，其次是歌麿。寫樂曾備受德國人的讚賞，我讀了二三本書，想瞭解他，但最後還是不瞭解。然而，適合中國一般人眼光的我想還是北齋。」在這裡，他顯然是將自己與「中國一般人的眼光」分開的。魯迅進一步說道：「況且中國還沒有欣賞浮世繪的人，我自己的東西將來傳給誰好，正在擔心中。」〔註13〕他在這裡對浮世繪特有的價值沒有詳細闡釋，但在爲《比亞茲萊畫選》所做的引言中，論述到了日本江戶末期的「浮世繪」畫家菊川英泉對比亞茲萊的影響，「日本的藝術，尤其是英泉的作品，助成他脫離在《The Rape of the Lock》底 Eisen 和 Saint-Aubin 所顯示給他的影響。但 Burne-Jones 底狂喜的疲弱的靈性變爲怪誕的睥睨的肉欲——若有疲弱的，罪惡的疲弱的話。日本底凝凍的實在性變爲西方的熱情底焦灼的影像表現在黑白底銳利而清楚的影和曲線中，暗示即在彩虹的東方也未曾夢想到的色調。」〔註14〕菊川英泉本名溪齋英泉，因爲師從菊川英山，所以又名菊川英泉，這與六大浮世繪畫師裏的安藤廣重，又名歌川廣重是一樣的。菊川英泉以妖豔的美人畫聞名，「人物動態嬌柔扭曲，且臉部略大，微睜的兩眼距離也大於正常比例，進一步完善了『貓背豬首』的造型風格，折射出頹廢的世態心理，呼應了江戶晚期的審美崇尚，成爲時代的典型樣式。」〔註15〕英泉美人畫裏強烈的肉欲氣息，影響著比亞茲萊的繪畫。但浮世繪的價值，絕不僅在影響其他畫家所帶來的新變上，而在於其本身所蘊含的文化中。致力於

〔註12〕魯迅：《書信·350616　致李樺》，《魯迅全集》第十三卷，人民文學出版社2005年版，第481頁。
〔註13〕魯迅：《書信·340127〔日〕致山本初枝》，《魯迅全集》第十四卷，人民文學出版社2005年版，第282頁。
〔註14〕魯迅：《集外集拾遺·〈比亞茲萊畫選〉小引》，《魯迅全集》第七卷，人民文學出版社2005年版，第357頁。
〔註15〕潘力：《浮世繪》，河北教育出版社2007年版，第128頁。

研究浮世繪的潘力認爲,「浮世繪版畫的本質是表現平民化的、人類的共同生命欲求和個人意識,是以動態的社會萬象爲基本題材的藝術,是生動記錄普遍人性的藝術。」〔註16〕浮世繪的本質精神體現在「生」這個字上,「『生』有三方面的內涵,其一是『媚態』,這裡特指與女性交往時所表現出的品位,是『生』的基礎構造;其二是『意氣』,是江戶仔的基本精神面貌,反映出江戶文化的道德理想;其三是『超脫』,日語稱爲『諦』,基於對命運的認知而生發出的灑脫。」〔註17〕浮世繪不僅是江戶時代世俗風物的紀錄,而且更凝聚了日本民族對於生命和自然關係的深沉思考。這也是它之所以風靡全世界的原因所在。

第二節　浮世繪對魯迅文學創作的影響

　　魯迅在日本有長達七年的時間,他回憶說當時對葛飾北齋比較喜愛。通過魯迅對菊川英泉對比亞茲萊所發生的影響來看,他對於其他浮世繪畫家也是相當瞭解的。在日本與浮世繪的接觸應當說,是與之前所喜愛的中國民間美術是一脈相承的。它們都是描寫世情風俗的民間版畫藝術。據高雲龍研究,浮世繪受到了明清版畫的深刻影響,二者在思想意識和藝術形式方面,都存在著諸多相似之處,「可以說浮世繪版畫是嫁接在中國明清版畫所培植的枝干上而改良栽培的新生代『藝術之花』」。〔註18〕但浮世繪畢竟有著自己的獨立特徵,是日本民族文化在特定時代的結晶。而它的獨特之處,對於魯迅以後的文學創作可能發生著影響。

　　浮世繪雖然在剛開始產生時,是和明清插畫一樣主要由黑白兩色組成,但發展到了鈴木春信手裏,即產生了錦繪。「所謂『錦繪』,是對一種新型多彩套色版畫的雅稱,因爲多種色彩的完美組合很容易使人聯想到燦若朝霞的華麗錦緞。」〔註19〕它使得浮世繪煥發出眞正的光彩。這與日本民族崇尚色彩是聯繫在一起的。鮮豔明亮的色彩,可以將人內心的情緒表達得更加細膩

〔註16〕潘力:《浮世繪》,河北教育出版社 2007 年版,第 242 頁。

〔註17〕潘力:《浮世繪》,河北教育出版社 2007 年版,第 244 頁。

〔註18〕高雲龍:《浮世繪藝術與明清版畫的淵源研究》,人民出版社 2011 年版,第 200 頁。

〔註19〕戚印平:《圖式與趣味:日本繪畫史》,中國美術學院出版社 2002 年版,第 220 頁。

充分。這是僅靠線描作爲造型手段不容易做到的事情。魯迅在提倡木刻版畫時，注重有力的黑白版畫，在給李樺的信中寫道：「《現代版畫》中時有利用彩色紙的作品，我以爲這是可暫而〔而〕不可常的，一常，要流於纖巧，因爲木刻究以黑白爲正宗。」〔註20〕這是因爲當時中國的現實條件，還不允許有自由地發展和觀賞彩色的藝術。魯迅自己對於彩色的木刻未嘗不感興趣。據蕭紅回憶，他在臨去世的病中，不看書也不看報，倒是不斷地看一幅蘇聯某畫家的著色木刻小畫，「那上面畫著一個穿大長裙子飛散著頭髮的女人在大風裏邊跑，在她旁邊的地面上還有小小的紅玫瑰花的花朵。」〔註21〕想必這彩色的小畫，一定是給了病中的他在精神上以莫大的慰藉吧！魯迅還對蕭紅講起穿衣服的顏色搭配問題，當被問到從什麼地方得到這些知識時，他的回答是在日本時學到的，並沒有講什麼具體的書，只是說在隨便翻翻的過程中習得的。這「隨便翻翻」中，或許就有著浮世繪的影響。浮世繪的美人畫和役者繪，除了表現女子豐富的表情外，對他們的衣飾更是進行了精細入微的展現。

　　魯迅在創作小說和散文詩中有著不同的用色。據學者的統計，《吶喊》、《彷徨》和《故事新編》中的色彩詞比例分別是，「白色系 29.7%，黑色系 21.5%，紅色系 15.9%，黃色系 9.9%，青色系 8.2%，綠色系 5.5%，藍色系 4.4%，紫色系 2.5%，拼色系 1.5%，透明色系 1.1%」，〔註22〕《野草》中，「按照比例測算，各色彩色系使用頻率從高到低依次是，紅色系 30.%，黑色系 22.2%，白色系 20.2%。」〔註23〕在小說中，黑白兩色占主體地位，但到了更具個人意味的《野草》裏，張揚著無限生命力的紅色則躍居第一位。金玲在文章中認爲，「缺乏溫暖是違反人性的，僅僅強調黑色和白色的魯迅有歪曲眞實的嫌疑」，「他眞正的生命底色還是充滿著赤子之心的紅色，只是險惡的生存環境和沉重的歷史使命逼得他不得不走向黑與白」。〔註24〕魯迅這種作爲生命底色

〔註20〕魯迅：《書信‧350616　致李樺》，《魯迅全集》第十三卷，人民文學出版社 2005
　　　　年版，第 483 頁。
〔註21〕蕭紅：《回憶魯迅先生》，魯迅博物館、魯迅研究室、《魯迅研究月刊》選編《魯
　　　　迅回憶錄：散著》中冊，北京出版社 1999 年版，第 738 頁。
〔註22〕金玲：《魯迅小說色彩與知識分子形象》，《魯迅研究月刊》2005 年第 9 期。
〔註23〕王家平、張素麗：《魯迅作品色彩詩學研究》，《首都師範大學學報（社會科學
　　　　版）》2011 年第 5 期。
〔註24〕金玲：《魯迅小說色彩與知識分子形象》，《魯迅研究月刊》2005 年第 9 期。

的紅色，到底從何而來，何時開始成形的，不是一個容易回答的問題。但浮世繪亮麗的色彩應該是參與了這個過程並發揮了重要的作用的。

　　浮世繪的題材主要可分爲美人畫、役者繪和風景畫。美人畫多以從事色情行業的藝妓舞女爲描寫對象，役者繪描寫的是舞臺上的演員。不同於明清插畫以文學作品中的人物作爲主要題材，浮世繪的人物就是生活在畫家身邊的人物。再現以文字塑造出來的形象，憑的是對作品的理解，而浮世繪所面對的則是活氣生香的吉原遊女，自然使作品帶上了濃郁的生活氣息。畫家們不僅努力展現女性特有的豔美，而且還努力向他們的內心世界進行探索。魯迅喜歡的喜多川歌麿所開創的大首繪，「通過有意誇大美女的面部表情和動態，突出微妙的心理與感情差異作爲表現主體，生動表現了人物不同的性格和氣質類型。」〔註 25〕由美人畫衍生的春畫，與注重寫實的中國春宮畫非常不同，以極度誇張的手法，展現的是人自身的生命能量，並帶有原始巫術崇拜的色彩。「畫面人物沉浸於無我狀態之中，軀體畸形纏繞幾近格鬥，戲劇性動態充溢著超凡絕倫的力度，賦予荒淫的色情以深奧的妙趣。既體現出日本民族的深層性格本質，也使作品更具一種世俗、性感的獨特風格。」〔註 26〕日本雖然受中國儒家文化影響，但在性觀念上更受本民族的神道教的支配，對性持率眞自然的態度，不壓抑內心的情感需求，更不像漢民族那樣有諸多禁忌。在追求縱情享樂的浮世繪中，春畫所追求的並不局限於對肉體欲望的展現，而是藉此表達對人自身生命的肯定和對自由的無限嚮往。

　　魯迅無論是在文學作品還是在生活中，對性都持眞率開放的觀念，並以此作爲重要視角，觀察分析中國人的心理和文化人格。據許廣平的回憶，「對於孩子的性教育，他是極平凡的，就是絕對沒有神秘性。赤裸的身體，在洗浴的時候，是並不禁止海嬰的走出走進的。實體的觀察，實物的研究，遇有疑問，隨時解答，見慣了雙親，也就對於一切人體都瞭解，沒有什麼驚奇了。」〔註 27〕魯迅接下來還談到了中國留學生，在日本男女公共浴池裏的窘態和中國士大夫的變態心理。他在對海嬰的教育中所體現出的開放觀念，是一般的中國人所做不到的，即使是那些留學歐美的知識分子也未必能做到像他那

〔註 25〕潘力：《浮世繪》，河北教育出版社 2007 年版，第 112 頁。

〔註 26〕潘力：《浮世繪》，河北教育出版社 2007 年版，第 143 頁。

〔註 27〕許廣平：《欣慰的紀念》，《許廣平文集》第二卷，江蘇文藝出版社 1998 年版，第 79 頁。

樣。這和魯迅學醫的背景有關，應該也和日本人對性的態度相關。浮世繪作為瞭解日本文化的重要途徑，是影響魯迅性觀念的媒介之一。性在魯迅的文學作品中沒有傳統文學裏的故作神秘，而是作為人不可分離的基本屬性進行分析和研究。戚眞赫在文章中以《頹敗線的顫動》一文爲例，分析了魯迅自身的性觀念與傳統集體無意識的糾纏所帶來的罪感。一方面，魯迅的性觀念科學而理性，直面人的本能，在描寫婦人爲了生存而出賣肉體時，仍客觀地直面由此所帶來的本能的滿足，「馳緩，然而尚且豐腴的皮膚光潤了；青白的兩頰泛出輕紅，如鉛上塗了胭脂水」；另一方面也寫到由此所帶來的罪感，「燈火也因驚懼而縮小了」。戚文認爲，「《頹》文文本那冷靜和客觀的描述中亦透露出深深的迷茫和悲涼，其不帶任何道德判斷和評價的描述正意味著他對人與生俱來的、纏繞著人的一切的迷茫，其潛在的自況又透露出生存深處的無所依託的悲涼。」〔註28〕魯迅在《阿 Q 正傳》和《肥皂》中，都以性作爲視角，將阿 Q 和四銘們一方面假道學，一方面又難以消除來自內心的性欲，從而產生的種種自相矛盾的荒唐行爲揭露出來。魯迅說：「我做的《不周山》，原意是在描寫性的發動和創造，以至衰亡的」，〔註 29〕又說：「也不過是取了莆羅特說，來解釋創造——人和文學——的緣起」〔註 30〕。他可能想從性的角度來解釋創造的發生，但由於現實因素的參與，他還是將性變成了諷刺的利器。中國傳統文學中向來缺少將性當作中性的東西來寫的傳統，除了學醫的經歷，會對魯迅的性觀念發生影響外，日本民族對性的態度，應該也會產生某種程度上的影響。春畫作爲日本文化的集大成者，是影響魯迅的因素之一。

　　風景畫是浮世繪的另一重要類型，也是魯迅在晚年提到的最爲喜愛的浮世繪類型。風景畫是在美人畫和役者繪走向沒落後，在西方繪畫、中國的蘇州桃花塢木版年畫和清代畫師沈南蘋所帶去的兩院畫風的影響下催生的。「寫實手法融合裝飾意匠，在中西繪畫風格的合力下，催生了浮世繪在日漸沒落

〔註28〕戚眞赫：《無法言說的眞實——由〈頹敗線的顫動〉探及魯迅意識的或一層面》，《魯迅研究月刊》1999 年第 7 期。

〔註29〕魯迅：《南腔北調集・我怎麼做起小說來》，《魯迅全集》第四卷，人民文學出版社 2005 年版，第 527 頁。

〔註30〕魯迅：《故事新編・序言》，《魯迅全集》第二卷，人民文學出版社 2005 年版，第 353 頁。

的晚期再度以精美的風景版畫光照人間。」〔註31〕由此，風景開始從以往繪畫中的背景獲得獨立地位，這在某種程度上也標誌著人對自然的認識的變化。中國的山水畫中的風景多是文人寄寓情懷和理想的人格化身，而浮世繪風景畫中的風景則更多地帶有自身的生命特徵。這和中日兩國的文化傳統相聯繫，中國的山水觀受儒道兩家文化的影響深遠，自然山水本身的特徵已消融在天人合一的觀照裏。「日本原始神道的基本理念是『泛靈論』，即在與大自然長期親和相處的過程中，將每一自然物都視為『有靈之物』，日本民族崇尚並愛戴自然的深層文化心理正是以此為基礎的，同時也造就了日本民族善於將一切自然物都作為有靈性的活物來親近、接受並與之交流的思維特點。」〔註32〕受此觀念影響，浮世繪風景畫中的人與自然不僅是親切的，而且呈現出互動的態勢，不像在中國的山水畫裏，人物在整個畫面中小到幾乎不見蹤迹，而是將人的動作行為進行較為完整的呈現，或是在風雨中疾行，或是與巨浪相抗爭。魯迅文學創作中的風景描寫絕少隱逸的氣息，而多是具有頑強生命力的存在。比如《在酒樓上》所寫到的在深多裏鬥雪開放的梅花，山茶樹從暗綠的密葉裏顯出的紅花，「赫赫的在雪中明得如火，憤怒而且傲慢，如蔑視遊人的甘心於遠行」，還有《秋夜》裏的棗樹，「默默地鐵似的直刺著奇怪而高的天空，使天空閃閃地鬼□眼；直刺著天空中圓滿的月亮，使月亮窘得發白。」這樣的描寫在中國的山水畫裏是不常見的。浮世繪風景畫可能會對魯迅的風景描寫產生一定程度的影響。

〔註31〕潘力：《浮世繪》，河北教育出版社2007年版，第181頁。
〔註32〕潘力：《浮世繪》，河北教育出版社2007年版，第247頁。

第四章　魯迅和漢畫像

第一節　魯迅收藏漢畫像的動機和意義

　　魯迅花了很大的力氣搜集漢畫像和漢魏六朝的碑拓，現在保留下的漢畫像有六百多件，碑拓有近六千件。他在文章中也多次表達對漢代深沉雄大氣象的嚮往。在他的學術成績裏，更是出版了時至今日仍有重要參考價值的《漢文學史綱要》，其中的一半篇幅用來探討漢朝的文學。魯迅中年以後對漢畫像的喜愛應當與他童年時對碑刻的研習相關。由於清末民初金石學的勃興，書法上碑學對帖學形成壓倒之勢，康有爲更是發表了《廣藝舟雙楫》，對前朝的碑學進行總結。據周作人回憶，魯迅小時候「新年出城拜歲，來回總要一整天，船中枯坐無聊，只好看書消遣，那時放在『帽盒』中帶去的大抵是《遊記》或《金石存》，後者原刻石印本，很是精緻」。﹝註 1﹞有學者認爲，「魯迅從小就是在碑學書風的籠罩下長大的。後來魯迅對古代碑刻的濃厚興趣顯然便是這兒時所種下的影響」。﹝註 2﹞有的學者將魯迅的書法放到乾嘉學派的分支——以阮元爲代表的「揚州學派」裏進行分析，認爲阮元、俞樾和章太炎等人崇尙碑學的書法思想影響了魯迅。﹝註 3﹞由於魯迅在這樣的風氣中成長，便與古代的碑刻結下了不解之緣。中國書畫同源，再過渡到對漢畫像的喜愛只是一步之遙。

　　除了碑學的影響，魯迅在啓蒙階段也受到了漢朝文學的影響。據壽洙鄰的回憶，他的父親壽鏡吾先生很喜歡漢魏六朝文學。「鏡吾公不喜八股文，所

﹝註 1﹞　周啓明：《魯迅的青年時代》，魯迅博物館、魯迅研究室、《魯迅研究月刊》選
　　　　　編《魯迅回憶錄：專著》（中冊），北京出版社 1999 年版，第 881 頁。
﹝註 2﹞　蔡顯良：《融冶篆隸於一爐　聽任心腕之交應》，《榮寶齋》2008 年第 6 期。
﹝註 3﹞　參見蕭振鳴：《魯迅與民國書法》，《魯迅研究月刊》2007 年第 7 期。

授止經史綱要、唐宋詞、古文詞，魯迅並不措意，鏡吾公常手抄漢魏六朝古典文學，但魯迅亦喜閱之，故往往置正課不理，其抽屜中小說雜書古典文學，無所不有。」〔註4〕「鏡吾公喜漢魏六朝古典文學，時時誦讀，雖因文義較爲深奧，未便以教初學生徒，但魯迅耳濡目染，已心領神會，能爲古典文學的筆墨。」〔註5〕由於壽鏡吾老先生的影響，魯迅對漢代的文學在啓蒙階段就很有親近感。如果以此觀察魯迅從日本歸國到新文化運動的那段一向被稱爲沉默時期的抄古碑的日子，就不能再僅僅視作只爲將生命盡快消去而消磨時光。雖然心情頹唐，或許也無心做什麼具體的事情，但這並不是無所爲，而是在爲將來做準備。魯迅在 1910 年給自己的摯友許壽裳的信中寫道：「又翻類書，薈集古逸書數種，此非求學，以代醇酒婦人者也。」〔註6〕這是他在當時的教育環境下無可奈何的選擇。他沒有辦法做想做的事，又不願隨從附合，只能做些在別人看來枯燥乏味的工作，而這在他來說則是在認眞的做事。這段時期的看似無聊的工作，其實都爲他以後的學術研究、文學創作和美術活動提供助力。

魯迅除了搜集漢魏六朝的碑拓外，一項重要的工作就是搜集漢畫像。1913 年 9 月 11 日，魯迅在日記中記道，「胡孟樂貽山東畫像石刻拓本 10 枚」，〔註7〕此後一直持續到他生命的盡頭，在 1936 年，仍託朋友搜集南陽漢畫像。與這種愛好相對應的是魯迅對《嵇康集》的偏愛，他校勘甚勤，從在北京教育部一直到生命結束。有學者認爲魯迅，「面對古人文獻時，一是嚴謹，一絲不苟；二是玩味之餘能吸其餘味，變爲己句；三是美感的把玩，能將舊籍的神魂描摹出來，幽情暗生。」〔註8〕因此，這些工作可能會給魯迅的創作帶來影響。他在雜文中曾說，「近幾時我想看看古書，再來做點什麼書，把那些壞種的祖墳刨一下。」〔註9〕這種「刨祖墳」的工作自然少不了對古籍的長期浸染、反復玩味。魯迅

〔註4〕 壽洙鄰：《我也談談魯迅的故事》，魯迅博物館、魯迅研究室、《魯迅研究月刊》選編《魯迅回憶錄：散篇》（上冊），北京出版社 1999 年版，第 4 頁。
〔註5〕 壽洙鄰：《我也談談魯迅的故事》，魯迅博物館、魯迅研究室、《魯迅研究月刊》選編《魯迅回憶錄：散篇》（上冊），北京出版社 1999 年版，第 5～6 頁。
〔註6〕 魯迅：《書信·101115 致許壽裳》，《魯迅全集》第十一卷，人民文學出版社 2005 年版，第 335 頁。
〔註7〕 魯迅：《日記·19130911》，《魯迅全集》第十五卷，人民文學出版社 2005 年版，第 78 頁。
〔註8〕 孫郁：《魯迅的浙東脾氣》，《學術月刊》2011 年第 11 期。
〔註9〕 魯迅：《書信·350104 致蕭軍、蕭紅》，《魯迅全集》第十三卷，人民文學出版社 2005 年版，第 330 頁。

在創作《故事新編》時，曾表示「並沒有將古人寫得更死」〔註10〕，這對於魯迅的文學創作自然也助力不少。在指導青年的木刻運動時，他表示為了創造出一種更好的版畫來，「參酌漢代的石刻畫像」〔註11〕是很重要的。

對漢畫像的長期關注，並不僅僅是為了藉以瞭解那時人的生活狀態和典章制度，更重要的是為了吸取漢代人深沉雄大的氣象。相比後人僵死狹小的審美習慣，魯迅感歎道：「遙想漢人多少閎放，新來的動植物，即毫不拘忌，來充裝飾的花紋」，〔註12〕「惟漢人石刻，氣魄深沉雄大」〔註13〕，「漢畫像的圖案，美妙無倫」〔註14〕。魯迅主張藝術要積極主動地參與社會現實，繪畫應發揮自身形象的直接可感的優勢，創造出普羅大眾能夠看得懂的作品，而不應走入脫離現實的有閒階級的藝術道路上去。漢畫像正是則這點上應和了魯迅的藝術需求，所以成為了他終生不離不棄的美術珍藏。

既有的研究成果表明，漢畫像實際上是和漢代流行的喪葬禮俗緊密地聯繫在一起的。漢畫像的題材包羅萬象，既有人物、動物、建築、生產狀況等社會生活類，也有像孔子見老子、二桃殺三士、荊軻刺秦王等歷史故事類，還有如伏羲、女媧、三足烏、九頭人面獸等神鬼祥瑞類，最後還有各種花紋圖案。這些都是當時人類處於特定時段的思想觀念的反映。漢代人由於認識自然能力的提高，開始擺脫先秦時人們對鬼神的五體投地式的膜拜，生發出人類初步的主體意識。漢畫像的內容固然是為死人創造出來的形象世界，但更是為了活著的人服務的。這裡面體現出了漢代人昂揚向上的對於自然界積極進取的信念，同時由於鬼神觀念的作用，又充滿了無窮無盡的想像，所以，這些作品既高度的模仿現實，也極盡誇張變形之能事。〔註15〕更為重要的是，漢畫像集中代表了漢代精神。「漢代精神是一種『席卷天下，包舉宇內』的雄渾氣魄，是我們民族初步形成時期特有的積極進取、蓬勃向上的樂觀主義精

〔註10〕 魯迅：《故事新編・序言》，《魯迅全集》第二卷，人民文學出版社 2005 年版，第 354 頁。

〔註11〕 魯迅：《書信・350204　致李樺》，《魯迅全集》第十三卷，人民文學出版社 2005 年版，第 373 頁。

〔註12〕 魯迅：《墳・看鏡有感》，《魯迅全集》第一卷，人民文學出版社 2005 年版，第 208 頁。

〔註13〕 魯迅：《書信・350909　致李樺》，《魯迅全集》第十三卷，人民文學出版社 2005 年版，第 539 頁。

〔註14〕 許壽裳：《亡友魯迅印象記・許壽裳回憶魯迅全編》，上海文化出版社 2006 年版，第 41 頁。

〔註15〕 參見蔣英炬、楊愛國：《漢代畫像石與畫像磚》，文物出版社 2001 年版。

神，是一種崇尚陽剛之美的、大氣磅礡的英雄主義精神。漢代精神是一種宏闊的文化精神，這集中表現在漢代呈現出歷史上前所未有的統一和開放氣象，這也是漢代文化的精華。」〔註16〕

正是由於漢畫像具有以上品質，魯迅才對其投入如此巨大的熱情和精力。漢畫像在魯迅的藝術世界裏佔有舉足輕重的地位，並對以後從事版畫運動有直接的補益。除了從文字裏瞭解中國古人的生活狀況和精神魂靈，漢畫像也是魯迅所借重的另一關鍵媒介。魯迅在文字領域裏，對野史很是青睞，認爲從中可以看到中國歷史的眞相。與此相對應的是，「文字往往是主流的、統一的、正統的、精英文化的代表；圖象往往是民間的、邊緣的、非正統的、市俗文化的表現。」〔註17〕他對漢畫像的青睞，可能想在文字紀錄之外找到另一種較爲直觀的藝術形式以瞭解歷史上的人和事，以補助文字之所不及。有學者認爲，「魯迅對傳統的一個基本思路，那就是在主流文化之外的支流話語世界，存在著一個健康、朗然的精神世界，漢畫像的整理其實證明了先生非凡的視野，他意識到，如果說要復興舊的藝術，那自然是漢代畫像這樣的藝術。它們沒有道學的東西，是無僞的存在。」〔註18〕他在給友人的信中多次談到要擇取反映當時社會風俗者，如遊獵，鹵薄，宴飲之類編印成冊以傳世。〔註19〕他在指導當時的木刻青年進行版畫創作時，表示漢畫像具有重要的參考價值。「所以我的意思，是以爲倘參酌漢代的石刻畫像，明清的書籍插畫，並且留心民間所賞玩的所謂『年畫』，和歐洲的新法融合起來，許能夠創出一種更好的版畫。」〔註20〕

除了對他以後的版畫活動產生影響外，漢畫像對魯迅文學創作的影響也不容小覷。當他下筆欲創造出一系列的場景和形象時，在這之前，創作者的頭腦中一定是對其進行了預先的構造，在此構圖過程中，經常耳濡目染並且心嚮往之的漢畫像會發生作用。在魯迅的著作中，「漢畫像」共出現了49次，

〔註16〕徐永斌主編《南陽漢畫像石藝術》，河南大學出版社2007年版，第160頁。

〔註17〕朱存明：《漢畫像的象徵世界》，人民文學出版社2005年版，第8頁。

〔註18〕孫郁、趙曉生：《魯迅研究的幾個問題》，《渤海大學學報（哲學社會科學版）》2009年第1期。

〔註19〕參見魯迅：《書信·340306　致姚克》，《書信·340324　致姚克》，《書信·340609　致臺靜農》，《魯迅全集》第十三卷，人民文學出版社2005年版，第39、48、145頁。

〔註20〕魯迅：《書信·350204　致李樺》，《魯迅全集》第十三卷，人民文學出版社2005年版，第373頁。

其中有兩次出現在《廈門通信（三）》這篇雜文中，有四次出現在寫給友人的信中，其餘四十三次都出現在日記裏。巧合的是，它們出現的時間與魯迅的文學創作時間有著某種相關性。如圖 5 所示，「漢畫像」在魯迅著作中出現的次數與文學作品創作的數量，在 1927 年之前大致呈現此消彼長的態勢，而到了 1927 年之後，兩者則趨於一致。魯迅在 1918 年創作《狂人日記》之前，就已經開始收集漢畫像，並且呈現出癡迷的狀態。當他開始發表作品時，可能沒有太多的時間關注這一領域。但值得注意的是，1923 年作為魯迅非常特別的時間點，這年他與周作人絕裂，一篇作品也沒有寫，但「漢畫像」卻在他的日記裏出現了三次。到了上海以後，有四五年的時間，漢畫像和文學創作幾乎同時在魯迅的生命裏消失，但湊巧的是，這兩項活動從 1934 年開始又同時出現在他生命裏。這種現象可能是巧合，也可能是漢畫像以自身直觀的藝術形式，在某種程度上對他的創作力形成了激發。對這種聯繫提供論據支持的，是在魯迅的具體文學作品裏可以找到與漢畫像很多的相似之處。

圖 5　魯迅著作中「漢畫像」出現次數與文學作品數量比較圖〔註21〕

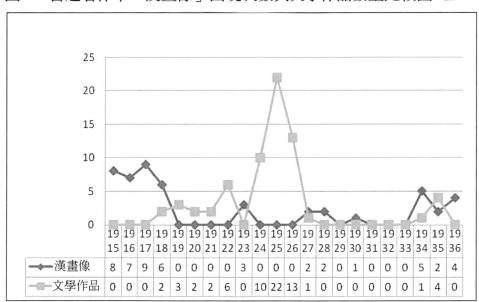

	19 15	19 16	19 17	19 18	19 19	19 20	19 21	19 22	19 23	19 24	19 25	19 26	19 27	19 28	19 29	19 30	19 31	19 32	19 33	19 34	19 35	19 36
漢畫像	8	7	9	6	0	0	0	0	3	0	0	0	2	2	0	1	0	0	0	5	2	4
文學作品	0	0	0	2	3	2	2	6	0	10	22	13	1	0	0	0	0	0	0	1	4	0

〔註21〕圖表中統計文學作品的數量單位是「篇」。

第二節　漢畫像對《野草》和《故事新編》的影響

　　魯迅在後期收藏的漢畫像主要是河南南陽的漢畫像。南陽漢畫館成立於1935 年 10 月 10 日，陳列收集到的 180 餘塊畫像石。魯迅在 1934 年即託臺靜農、王冶秋等朋友代爲尋找拓片。他一定是得到了南陽漢畫像石的消息，所以託朋友代爲搜集。與此同時，他開始了《故事新編》集中最後五篇小說的創作。魯迅對古代的神話、傳說進行重寫，有著對傳統文化正本清源的意味。他要將已經被寫得僵死的古人重寫，煥發出新的活力，從而爲當下提供新的文化資源。漢畫像帶給他的視覺衝擊，或許會給他提供創作「故事新編」的靈感吧。但翻閱魯迅最後創作的五篇小說，卻很難找到與漢畫像的直接聯繫。這裡大概存在著一種創作目的與創作實傚之間的悖論。魯迅曾說，「油滑是創作的大敵，我對於自己很不滿」〔註 22〕，並在給友人的信中多次表達這種看法〔註 23〕。在對《故事新編》整體否定的情況下，魯迅對其也有局部肯定。他說「《不周山》的後半是很草率的，決不能稱爲佳作。」〔註 24〕因爲現實的因素過多地參與了寫作，改變了原來的創作目的，並且「從認眞陷入了油滑」。〔註 25〕除了《補天》的上半部分寫得認眞，魯迅認爲《鑄劍》寫得也較爲認眞。在 1933 年編印《魯迅自選集》時，他從《故事新編》里選的就是《奔月》和《鑄劍》。認眞地看這兩篇，魯迅所謂的「認眞」也許是自認爲寫出了遠古人類人性中的「偉麗雄壯」〔註 26〕，而這又是經過專制的奴化訓練下的人們所急切需要的。試看《補天》和《鑄劍》中的幾段描寫：

　　　　粉紅的天空中，曲曲折折的漂著許多條石綠色的浮雲，星便在

〔註22〕魯迅：《故事新編·序言》，《魯迅全集》第二卷，人民文學出版社 2005 年版，第 353 頁。

〔註23〕參見魯迅：《書信·351123　致邱遇》，《魯迅全集》第十三卷，人民文學出版社 2005 年版，第 589 頁；《書信·360201　致黎烈文》，《書信·360201　致曹靖華》，《書信·360229　致楊霽雲》，《書信·360203　致增田涉》，《書信·360723　致雅羅斯拉夫·普實克》，《魯迅全集》第十四卷，人民文學出版社 2005 年版，第 17 頁，第 18 頁，第 41 頁，第 382 頁，第 389 頁。

〔註24〕魯迅：《故事新編·序言》，《魯迅全集》第二卷，人民文學出版社 2005 年版，第 354 頁。

〔註25〕魯迅：《故事新編·序言》，《魯迅全集》第二卷，人民文學出版社 2005 年版，第 353 頁。

〔註26〕魯迅：《書信·360328　致增田涉》，《魯迅全集》第十四卷，人民文學出版社 2005 年版，第 386 頁。

那後面忽明忽滅的□眼。天邊的血紅的雲彩裏有一個光芒四射的太陽，如流動的金球包在荒古的熔岩裏；那一邊，卻是一個生鐵一般的冷而且白的月亮。（《補天》）

　　火勢並不旺，那蘆柴是沒有干透的，但居然也烘烘地響，很久很久，終於伸出無數火焰的舌頭來，一伸一縮的向上舔，又很久，便合成火焰的重臺花，又成了火焰的柱，赫赫的壓倒了崑崙山上的紅光。大風忽地起來，火柱旋轉著發吼，青的和雜色的石塊都一色通紅了，飴糖似的流佈在裂縫中間，像一條不滅的閃電。（《補天》）

　　嘩拉拉地騰上一道白氣的時候，地面也覺得動搖。那白氣到天半便變成白雲，罩住了這處所，漸漸現出緋紅顏色，映得一切都如桃花。我家的漆黑的爐子裏，是躺著通紅的兩把劍。你父親用井華水慢慢地滴下去，那劍嘶嘶地吼著，慢慢轉成青色了。這樣地七日七夜，就看不見了劍，仔細看時，卻還在爐底裏，純青的，透明的，正像兩條冰。（《鑄劍》）

這三段描寫集色彩的絢爛與力的舞蹈於一體，描繪出恢宏壯觀的景象，張揚著浪漫的想像與無窮的生命力。這應當是魯迅所嚮往的遠古時的闊大雄偉。我們固不能說是漢畫像為魯迅的描寫提供了模板，但也有可能是參與塑造的元素之一。深受楚文化影響的漢畫像，其造型靈動飛揚，畫面熱烈奔騰，情感狂放不羈，這些深為魯迅讚賞。因此，在描寫遠古彌漫於天地間汪洋恣肆的原初生氣時，漢畫像為其提供了重要參考。遺憾的是，魯迅並沒有獲得超然於當下的創作狀態，周圍的事情刺激著敏感的他，也不可避免地影響著作品的寫作由認真變為遊戲。在這種遊戲中，他暫且使得緊張的心神獲得緩解，但作品中的諷刺卻多過了對原初精神的刻繪，魯迅對於自己的創作很不滿。

　　如果說魯迅可能採取漢畫像中積極壯美的圖景來為《故事新編》塑造遠古時的原初生氣助力的話，那麼，漢畫像這種墓葬藝術中獰厲驚悚的元素則可能影響著《野草》的寫作。為了保證死者在另一個世界不受妖魔鬼怪的傷害，漢代人創造了一系列辟邪祈福的畫像，比如青龍、白虎、朱雀、玄武、鋪首銜環、神荼、鬱壘等。這些形象首先是作為一種超人力的「惡」的化身出現的，它們與遠古時巫術的符咒的功能是相似的，既神秘又恐怖。這種藝術與以「夢與死亡」為主題的《野草》的創作存在著某種程度的相似。魯迅

自稱《野草》爲「大半是廢弛的地獄邊沿的慘白色小花」〔註27〕，這和漢畫像這種裝飾死亡的藝術頗爲相近。有意思的是，魯迅在編輯《野草》期間，將自己的第一本雜文集題做《墳》，並在《後記》裏寫道：「惟願偏愛我的作品的讀者也不過將這當作一種紀念，知道這小小的丘隴中，無非埋著曾經活過的軀殼。」〔註28〕他在文章最後還引用了陸機憑弔曹操的悼文作結。或許魯迅在編輯完《墳》後，所畫的一幅小畫最能表現他當時的心情。如圖 6 所示，圖上的標號，「一是貓頭鷹，二象徵雨，三是天，四是樹，五是月，六是雲，七是『1907-25』」〔註29〕。這些外圍的裝飾的內容與漢畫像非常相似。與其將此圖看成是魯迅爲《墳》創作的插圖，不如將其視作他爲自己製作的墓碑。這裡面既有魯迅對過去的埋葬，也有對新生活的翹首期盼。

圖6　魯迅繪《墳》卷前小畫〔註30〕

在《朝花夕拾》的《小引》裏，魯迅表達了這段時間「眞是雖生之日，猶死之年」〔註31〕。在編印《墳》、《野草》和《朝花夕拾》的這段日子裏，他感

〔註27〕魯迅：《二心集·〈野草〉英文譯本序》，《魯迅全集》第四卷，人民文學出版社 2005 年版，第 365 頁。

〔註28〕魯迅：《墳·寫在〈墳〉後面》，《魯迅全集》第一卷，人民文學出版社 2005 年版，第 303 頁。

〔註29〕王錫榮：《魯迅的藝術世界》，江蘇文藝出版社 2009 年版，第 29 頁。

〔註30〕此圖取自王錫榮：《魯迅的藝術世界》，江蘇文藝出版社 2009 年版，第 29 頁。有剪裁。

〔註31〕魯迅：《朝花夕拾·小引》，《魯迅全集》第二卷，人民文學出版社 2005 年版，第 235 頁。

到了出奇的無聊，而這時與死亡相關的詞彙便密集地出現在他的文字中。試看這三本著作的《後記》和《小引》，「妖魔」、「神魂」、「新墳」、「埋藏」、「瞻仰皇陵」、「憑弔荒冢」、〔註32〕「陳迹」、「過往」、「築臺」、「掘坑」、「老死」、「埋掉自己」、「逝去」、「死便埋我」、「梟蛇鬼怪」、「毒死」、「僵屍」、「鬼魂」、「舊壘」、「詛咒」、「毀滅」、「丘隴」、「軀殼」、〔註33〕「死亡」、「朽腐」、「陳死人」、「靜穆」、〔註34〕「雖生之日，猶死之年」〔註35〕等便充斥其間。考察這些詞彙，它們似乎是構成了魯迅生命很重要的底色。此類詞彙普遍存在於他的創作中，尤其是在他心情比較低落的時候。魯迅自稱「心情太頹唐了」〔註36〕的《野草》，裏面與此相似的用詞也特別集中。據統計，「死」在《野草》13 篇散文詩中出現了 51 次；「夢」在 9 篇中出現了 22 次；「夜」在 10 篇中出現了 30 次；「墳」在 3 篇中出現了 10 次；「墓」在一篇中出現了 4 次；「地獄」在兩篇中出現了 15 次；「鬼」在兩篇中出現了 18 次；「魂」在 5 篇中出現了 16 次。這八個詞彙最集中出現的篇目是《墓碣文》和《失掉的好地獄》。我們從這兩篇散文詩中或許可以尋找到魯迅所喜愛的漢畫像所發生的影響。首先從題目上看，「地獄」和「墓碣」是和死亡相關的，這也是漢畫像所傾力描繪的世界。這兩篇頗具魯迅通體黑色裝扮意味的散文詩，可能是借用了漢畫像所表現的死亡世界來造型，從而表達魯迅自身的哲思。魯迅稱《野草》是在「碰了許多釘子之後寫出來的」〔註37〕，是「廢弛的地獄邊沿的慘白色小花」〔註38〕。他對於這小花自然有留戀，正像在其他地方所表達的一樣，「所謂回憶者，雖說可以使人歡欣，有時也不免使人寂寞，使精神的絲縷還牽著已逝的寂寞的時光，又有什麼意味

〔註32〕 魯迅：《墳・題記》，《魯迅全集》第一卷，人民文學出版社 2005 年版，第 4 ～5 頁。

〔註33〕 魯迅：《墳・寫在〈墳〉後面》，《魯迅全集》第一卷，人民文學出版社 2005 年版，第 298～303 頁。

〔註34〕 參見魯迅：《野草・題辭》，《魯迅全集》第二卷，人民文學出版社 2005 年版，第 163 頁。

〔註35〕 參見魯迅：《朝花夕拾・小引》，《魯迅全集》第二卷，人民文學出版社 2005 年版，第 235 頁。

〔註36〕 魯迅：《書信・341009　致蕭軍》，《魯迅全集》第十三卷，人民文學出版社 2005 年版，第 224 頁。

〔註37〕 魯迅：《書信・341009　致蕭軍》，《魯迅全集》第十三卷，人民文學出版社 2005 年版，第 224 頁。

〔註38〕 魯迅：《二心集・〈野草〉英文譯本序》，《魯迅全集》第四卷，人民文學出版社 2005 年版，第 365 頁。

呢，而我偏苦於不能全忘卻，這不能全忘的一部分，到現在便成了《吶喊》的來由。」〔註 39〕魯迅對於這些回憶也是警醒的，認爲這就像他在兒時吃過的蔬果一樣，是「思鄉的蠱惑」，「也許要閞騙我一生，使我時時反顧。」〔註 40〕魯迅對回憶的反思並不僅僅局限於此，他在《失掉的好地獄》裏進一步寫道，當鬼魂們在魔鬼的統治下，看到了慘白可憐的小花時，「被大蠱惑，倏忽間記起人世，默想至不知幾多年，遂同時向著人間，發一聲反獄的絕叫。」〔註 41〕不過這由「小花」的蠱惑所帶來的卻不是找尋回了「失掉的好地獄」，恰恰相反，「當鬼魂們又發一聲反獄的絕叫時，即已成爲人類的叛徒，得到永劫沉淪的罰，遷入劍樹林的中央」，「曼陀羅花立即焦枯了」。〔註 42〕回憶使得人迷失，陷入了更爲絕望的境地，而欲得到拯救，唯一可取的是直面當下的絕望。在寫完《失掉的好地獄》的次日，魯迅即創作《墓碣文》。墓碣上寫道：「於浩歌狂熱之際中寒；於天上看見深淵。於一切眼中看見無所有；於無所希望中得救。」〔註 43〕這是對鬼魂們受了回憶的蠱惑沉淪到無可拯救的地獄後進行反思從而獲得的自救的新路。必須拋棄一切幻想和留戀，離開這即使抉心自食，但由於心已陳舊而無法知其本味的死屍。對於沉溺於過去的人們，魯迅在後面創作的《淡淡的血痕中》這樣說道：

幾片廢墟和幾個荒墳散在地上，映以淡淡的血痕，人們都在其間咀嚼著人我的渺茫的悲苦。但是不肯吐棄，以爲究竟勝於空虛，各各自稱爲「天之僇民」，以作咀嚼著人我的渺茫的悲苦的辯解，而且悚息著靜待新的悲苦的到來。新的，這就使他們恐懼，而又渴欲相遇。〔註 44〕

這樣的糾纏於過去，於現實是不能有任何補益的。魯迅接著塑造出了心目中

〔註 39〕 魯迅：《吶喊·自序》，《魯迅全集》第一卷，人民文學出版社 2005 年版，第 437 頁。

〔註 40〕 魯迅：《朝花夕拾·小引》，《魯迅全集》第二卷，人民文學出版社 2005 年版，第 236 頁。

〔註 41〕 魯迅：《野草·失掉的好地獄》，《魯迅全集》第二卷，人民文學出版社 2005 年版，第 204 頁。

〔註 42〕 魯迅：《野草·失掉的好地獄》，《魯迅全集》第二卷，人民文學出版社 2005 年版，第 205 頁。

〔註 43〕 魯迅：《野草·墓碣文》，《魯迅全集》第二卷，人民文學出版社 2005 年版，第 207 頁。

〔註 44〕 魯迅：《野草·淡淡的血痕中》，《魯迅全集》第二卷，人民文學出版社 2005 年版，第 226 頁。

的理想人物，「叛逆的猛士出於人間；他屹立著，洞見一切已改和現有的廢墟和荒墳，記得一切深廣和久遠的苦痛，正視一切重疊淤積的凝血，深知一切已死，方生，將生和未生。」〔註45〕魯迅通過建構「地獄」和「墳墓」這兩個場所，表達著對傳統與當下的思考，他反抗一切貌似充滿希望的溫情的誘惑，直面頹壞的現實，而只有如此，才可以開闢出一條求生之路。這可能會與魯迅長期浸淫其間的漢畫像和碑拓存在著聯繫。他從那些為死人所造的藝術中汲取靈感，讓故事發生在生死之間，向死而生，場景陰森駭人，但卻有著一種摒棄淺薄溫情之後的清醒，希望正寄予其間。

　　漢畫像對《野草》創作的影響還表現在對人物、事件和環境的描寫上。它與《故事新編》裏致力於恢宏壯觀的描寫不同，呈現出「悲涼漂渺」〔註46〕的風格。試看下面幾段描寫：

　　　　別的，在晴天之下，旋風忽來，便蓬勃地奮飛，在日光中燦燦地生光，如包藏火焰的大霧，旋轉而且升騰，彌漫太空，使太空旋轉而且升騰地閃爍。(《雪》)

　　　　我的身上噴出一縷黑煙，上昇如鐵線蛇。冰谷四面，又登時滿有紅焰流動，如大火聚，將我包圍。(《死火》)

　　　　我繞到碣後，才見孤墳，上無草木，且已頹壞。即從大闕口中，窺見死屍，胸腹俱破，中無心肝。而臉上卻絕不顯哀樂之狀，但濛濛如煙然。(《墓碣文》)

　　　　當她說出無詞的言語時，她那偉大如石像，然而已經荒廢的，頹敗的身軀的全面都顫動了。這顫動點點如魚鱗，每一鱗都起伏如沸水在烈火上；空中也即刻一同振顫，彷彿暴風雨中的荒海的波濤。

　　(《頹敗線的顫動》)

這些描寫一方面呈現出「息息變幻，永無定形」〔註47〕的動態，另一方面，又表現出悲涼慷慨的筋骨。在飛騰漂渺的意象中含著魯迅對人世冷靜深沉的思考，在棄絕廉價樂觀的同時又昂揚著永遠進擊的精神。這是對溫柔敦厚詩

〔註45〕魯迅：《野草・淡淡的血痕中》，《魯迅全集》第二卷，人民文學出版社 2005 年版，第 226～227 頁。

〔註46〕魯迅：《野草・希望》，《魯迅全集》第二卷，人民文學出版社 2005 年版，第 181 頁。

〔註47〕魯迅：《野草・死火》，《魯迅全集》第二卷，人民文學出版社 2005 年版，第 200 頁。

風的反叛，它追求「飛揚的極致的大歡喜」〔註48〕。與傳統的不語怪力亂神不同，魯迅喜歡在描寫中加入素爲國人避之唯恐不及的「惡物」，經過一番藝術處理，使其展現出一種既攝人心魄又冷澀奇峻的美感。這些「惡物」與魯迅筆下升騰變幻的景象形成張力，對被長期以來在主張靜美的文學傳統裏浸染的國人構成巨大的視覺衝擊，使沉靜的心警醒。

第三節　漢畫像對魯迅文學語言的影響

　　有的學者用「內攝兼外鑠」〔註49〕來概括魯迅文學中的修辭特徵，認爲魯迅將複雜深刻的思想藏於文字的深層，而文字又追求犀利流暢的風格，因此形成一種矛盾力，成就了自己獨特的語言風格。沿用此說，魯迅文字的「內攝」無疑是他當時既對現實充滿絕望但又決然向其進擊的矛盾心態，而「外鑠」則以升騰漂渺的極致的美學風格將其表現出來。魯迅在從事文學創作之前就沉迷其間的漢畫像，以其簡潔質樸的藝術形式，「負載著大量隱秘信息的文化密碼，是漢代社會形象的文化標記」〔註50〕。這對魯迅文字的「內攝」和「外鑠」方面都產生了影響。他的文字裏包含了如此多的互相衝突的思想，與他沉默的北京六年是相關的。在經歷過《新生》流產，「見過了辛亥革命，見過二次革命，見過袁世凱稱帝，張勳復辟，看來看去，就看得懷疑起來，於是失望，頹唐得很了。」〔註51〕在這種對現實日益絕望的過程中，「於是用了種種法，來麻醉自己的靈魂，使我沉入於國民中，使我回到古代去」〔註52〕。如此說來，沉醉在漢畫像和碑拓的世界裏，就算是這方法中很有效的手段之一吧。但魯迅眞的就完全頹唐了嗎？也不盡然。如果要眞是這樣，那麼不管錢玄同如何的勸說，也不會有後來的創作了。這段時期和他後來所描寫的「死火」是相似的。雖然即將凍滅，但一旦稍遇溫熱，他會即刻再行燃燒。不過他認爲即使這樣的溫

〔註48〕魯迅：《野草·復仇》，《魯迅全集》第二卷，人民文學出版社 2005 年版，第 176 頁。
〔註49〕〔新加坡〕林萬菁：《論魯迅修辭：從技巧到規律》，萬里書局 1986 年版，第 19～32 頁。
〔註50〕徐永斌主編《南陽漢畫像石藝術》，河南大學出版社 2007 年版，第 161 頁。
〔註51〕魯迅：《南腔北調集·〈自選集〉自序》，《魯迅全集》第四卷，人民文學出版社 2005 年版，第 468 頁。
〔註52〕魯迅：《吶喊·自序》，《魯迅全集》第一卷，人民文學出版社 2005 年版，第 440 頁。

熱出現了，也會「有大石車突然馳來，我終於碾死在車輪底下」〔註53〕。魯迅在後來給許廣平的信中回憶以前的生活時說，「向來不為自己生活打算，一切聽人安排，因為那時豫料是活不久的。」〔註54〕他抱著待死之心沉入漢畫像這種為死人準備的藝術裏，欣賞到了人死以後所看不到為他們創作的想像世界。這是一種只有跨越生死兩界才能看到的藝術，活人和死人都看不到，而魯迅卻以一顆待死之心幸運地看到了。魯迅需要外部的溫熱將其喚醒，但漢畫像這種為死人準備的藝術未嘗沒有給予他這種溫熱。千百年來，人死後，誰又能看到為自己創作的畫像和碑文呢？更何況漢畫像所展現出的狂放恢宏的生命力，未必就不能給他帶來對生的留戀和對未來的希望。魯迅在漢畫像裏往返生死之界，徘徊在希望和絕望的邊緣，使得他的思想更加的深刻和豐富。

漢畫像以線描作為主要造型手段，其畫面簡潔流暢，又質樸雄厚。魯迅的語言以簡潔犀利為主要特徵，而將豐富複雜的思想藏於其中。這與漢畫像有著異曲同工之妙。不能武斷地說，是漢畫象形成了魯迅的語言風格，畢竟還有其他眾多的因素在起著作用，但漢畫像可能是這眾多起作用的因素中的一個部分。

漢畫像對魯迅語言「內攝兼外鑠」的影響，集中地表現在意象的塑造過程中。在眾多的意象中，「梟蛇鬼怪」類的意象最為獨特，也最能反映魯迅的思想。在與許廣平的戀愛中，他曾用這個名稱作為她的代名詞，「我就愛梟蛇鬼怪，我要給他踐踏我的特權。我對於名譽，地位，什麼都不要，我只要梟蛇鬼怪夠了。」〔註55〕這類意象包括蛇、貓頭鷹和狼等。與「蛇」緊密相關的有「大毒蛇」〔註56〕、「赤練蛇」〔註57〕、「鐵線蛇」〔註58〕、「長蛇」〔註59〕、「毒

〔註53〕魯迅：《野草・死火》，《魯迅全集》第二卷，人民文學出版社 2005 年版，第 201 頁。

〔註54〕魯迅：《兩地書・八三》，《魯迅全集》第十一卷，人民文學出版社 2005 年版，第 225 頁。

〔註55〕魯迅：《書信・270111　致許廣平》，《魯迅全集》第十二卷，人民文學出版社 2005 年版，第 10～11 頁。

〔註56〕魯迅：《吶喊・自序》，《魯迅全集》第一卷，人民文學出版社 2005 年版，第 439 頁。

〔註57〕魯迅：《野草・我的失戀》，《魯迅全集》第二卷，人民文學出版社 2005 年版，第 174 頁。

〔註58〕魯迅：《野草・死火》，《魯迅全集》第二卷，人民文學出版社 2005 年版，第 201 頁。

〔註59〕魯迅：《野草・墓碣文》，《魯迅全集》第二卷，人民文學出版社 2005 年版，第 207 頁。

蛇」〔註60〕、「金蛇」〔註61〕、「青梢蛇」〔註62〕、「蝮蛇」〔註63〕等；與「貓頭鷹」最相近的是《藥》中的「烏鴉」，此外還有「兀鷹」〔註64〕、「鷹鸇」〔註65〕、「獅虎鷹隼」〔註66〕、「惡鳥」〔註67〕、「鴟鴞」〔註68〕、「怪鴟」〔註69〕等。無論是蛇、貓頭鷹，還是狼，在中國傳統文化裏，都是人們避之唯恐不及的惡物，認爲會給自己帶來不祥的厄運。但正是由於人們對它們的憎惡和恐懼，它們也被賦予了神秘的魅惑。它們與魯迅早期所呼喚的「不和眾囂，獨具我見之士」〔註70〕在精神上是相似的，但那時的熱情和自信冷卻了，添加了孤絕冷傲，同時也變得更有力量。它們在某種程度上是魯迅自我的化身，承載著他內心深處最隱秘的文化情結。

關於這類意象的形成過程，靳新來的博士論文《「人」與「獸」的糾葛》中有著詳細的論述。他認爲，魯迅童年閱讀的《山海經》，中國比興文學傳統下的《莊子》、佛教、尼採的《查拉圖斯特拉如是說》和西方的自然科學，對魯迅的動物意象起著重要的影響。〔註71〕這些因素可能確實對蛇、貓頭鷹

〔註60〕魯迅：《華蓋集·雜感》，《魯迅全集》第三卷，人民文學出版社 2005 年版，第 52 頁。

〔註61〕魯迅：《集外集·斯巴達之魂》，《魯迅全集》第七卷，人民文學出版社 2005 年版，第 15 頁。

〔註62〕魯迅：《集外集拾遺·對於〈新潮〉一部分的意見》，《魯迅全集》第七卷，人民文學出版社 2005 年版，第 235 頁。

〔註63〕魯迅：《集外集拾遺·對於〈新潮〉一部分的意見》，《魯迅全集》第七卷，人民文學出版社 2005 年版，第 235 頁。

〔註64〕魯迅：《野草·過客》，《魯迅全集》第二卷，人民文學出版社 2005 年版，第 197 頁。

〔註65〕魯迅：《華蓋集·夏三蟲》，《魯迅全集》第三卷，人民文學出版社 2005 年版，第 42 頁。

〔註66〕魯迅：《且介亭雜文末編·半夏小集》，《魯迅全集》第六卷，人民文學出版社 2005 年版，第 619 頁。

〔註67〕魯迅：《野草·秋夜》，《魯迅全集》第二卷，人民文學出版社 2005 年版，第 167 頁。

〔註68〕魯迅：《故事新編·鑄劍》，《魯迅全集》第二卷，人民文學出版社 2005 年版，第 440 頁。

〔註69〕魯迅：《集外集·「音樂」？》，《魯迅全集》第七卷，人民文學出版社 2005 年版，第 56 頁。

〔註70〕魯迅：《集外集拾遺補編·破惡聲論》，《魯迅全集》第八卷，人民文學出版社 2005 年版，第 27 頁。

〔註71〕參見靳新來：《「人」與「獸」的糾葛：魯迅筆下的動物意象》，上海三聯書店 2010 年版。

和狼等意象的形成發揮了作用，但它們畢竟是魯迅整體人生經驗和思想認識的結晶，而不可能是受了哪一種或幾種因素的影響即可造就的。漢畫像可能也是參與了這種塑造的過程並發揮了自己的影響。1923 年，蔡元培曾向魯迅索要漢畫像中有關人首蛇身的拓片，魯迅回信並附上自己的收藏三枚，還作了詳細的解釋，認為「此畫似多刻於頂層，故在殘石中頗難覯也」〔註 72〕，可見他當時對此已有研究。在魯迅北京時期收藏的山東、江蘇、甘肅、四川的漢畫像中，關於青龍、白虎、朱雀、玄武這四象的不僅有單獨的，而且還較多地作為裝飾存在於其他的畫像中。魯迅一直保持著對這些祥瑞之獸的濃厚興趣，他晚年託朋友搜集到的南陽漢畫像裏，「對於『四靈』和獸鬥的刻畫，約有 80 餘幅，為數不可謂少。」〔註 73〕這四象是人們「根據天的星宿的圖象的圖式而幻想出一種形象，然後與人所見到或想像到的圖象相聯屬，然後在命名的過程中形成一種文化的傳統，上昇為一種人文的知識體系」〔註 74〕。這體現出了古人想像自身與世界的關係的思維特徵，裏面既有對現實的觀察，又有對未知世界的嚮往。這種基於人類目光所及而又超越所見塑造出來的四象，是古人既希望把握認識自然又恐懼敬畏自然的產物。我們固不能說魯迅筆下的「蛇」、「貓頭鷹」和「狼」意象來自於四象，但它們存在著外形特徵和精神氣質的相似。在外形特徵上，玄武是龜蛇的合體，也有學者認為，「綜合起來看，龍是以蛇為基礎的。而發展變化了的蛇圖騰像就是龍的形象」〔註 75〕；「貓頭鷹」和朱雀所代表的猛禽也有相似之處；「狼」和白虎所代表的老虎同屬猛獸，並且在魯迅收集到的漢畫像裏的惡獸裏，如圖 7、8 所示，有些與「狼」的外形頗相似。也許外形的相似還在其次，魯迅顯然更注重它們的內在精神氣質。傳統的「龍」、「鳳」和「虎」已經過多地沾染上了權力的色彩，失去了他們本有的野性和活力，而「蛇」、「貓頭鷹」和「狼」則被人們塑造成邪惡的代表，但同時也幸運地保留了自己獨立無羈的本性。它們都屬於超出人力所能控制的範圍之外的動物，既神秘又有力量，讓人心生畏懼。但這並不是說上述漢畫像中的動物就是魯迅所創造意象的原型，只不過他在留戀忘返於其間的時候，未嘗不可能從中得到某種程度的啟發。試

〔註 72〕參見魯迅：《書信・23010 致蔡元培》，《魯迅全集》第十一卷，人民文學出版社 2005 年版，第 433 頁。
〔註 73〕李允經：《魯迅與中外美術》，書海出版社 2005 年版，第 231 頁。
〔註 74〕朱存明：《漢畫像的象徵世界》，人民文學出版社 2005 年版，第 232 頁。
〔註 75〕徐乃湘、崔岩峋：《說龍》，紫禁城出版社 1987 年版，第 13 頁。

看對它們的描寫：

> 我的身上噴出一縷黑煙，上昇如鐵線蛇。(《死火》)

> 此外則貓頭鷹，鳴極慘厲。(《懷舊》)

> 忽然，他流下淚來了，接著就失聲，立刻又變成長嚎，像一匹受傷的狼，當深夜在曠野中嗥叫，慘傷裏夾雜著憤怒和悲哀。(《孤獨者》)

> 笑聲即刻散佈在杉樹林中，深處隨著有一群燐火似的眼光閃動，倏忽臨近，聽到咻咻的餓狼的喘息。第一口撕盡了眉間尺的青衣，第二口便身體全都不見了，血痕也頃刻舔盡，只微微聽得咀嚼骨頭的聲音。(《鑄劍》)

它們都與黑夜和死亡相關，在靜默中蓄積著駭人的暴發力，以奇峰突起之勢打破人們的視覺慣性，使得讀者獲得新的審美感受。

與「貓頭鷹」頗相似的另一意象——「烏鴉」，同樣也是為人們素不喜歡的惡禽。魯迅對其情有獨衷，《藥》對它的刻畫更是給人留下深刻印象：

> 那烏鴉也在筆直的樹枝間，縮著頭，鐵鑄一般站著。(《藥》)

> 他們走不上二三十步遠，忽聽得背後「啞——」的一聲大叫；兩個人都竦然的回過頭，只見那烏鴉張開兩翅，一挫身，直向著遠處的天空，箭也似的飛去了。(《藥》)

圖 7　魯迅收藏的山東漢畫像之一〔註76〕

〔註76〕此圖取自北京魯迅博物館、上海魯迅紀念館編《魯迅藏漢畫像》(二)，上海人民美術出版社 1991 年版，圖二二五，有剪裁。

圖 8 魯迅藏肥城孝堂山新出土畫像（局部）〔註77〕

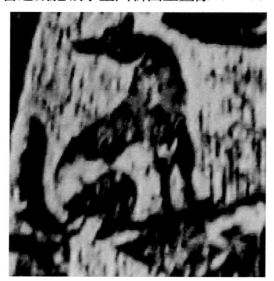

這裡的烏鴉冷冷地看著眼前發生的一切，任憑夏四奶奶如何求乞，絕不給予絲毫廉價的希望，「但居於布施者之上，給予煩膩，疑心，憎惡」〔註78〕，「用無所爲和沉默求乞」〔註79〕。魯迅雖然爲了聽將令，「不恤用了曲筆，在《藥》的瑜兒的墳上平空添上一個花環」〔註80〕，但他用「鐵鑄一般站著」的烏鴉，轉瞬間又消解了這些微的人造的亮色。巧合的是，在魯迅的收藏中就有很多含有烏鴉的漢畫像，有的是單獨成幅，表現神話傳說中的三足烏托著太陽而形成日出日落。圖9太陽正中有隻烏鴉，另一隻則在向右飛行。據學者研究，「漢畫像圖象中，日中有鳥和扶桑樹上群鳥飛翔的圖象是極典型的」〔註81〕不僅如此，因爲這種鳥象徵著太陽，因此有了代表時間的意味。它還作爲裝飾或者表達時間流逝而廣泛存在於其他漢畫像中。

〔註77〕 此圖取自北京魯迅博物館、上海魯迅紀念館編《魯迅藏漢畫像》（二），上海人民美術出版社 1991 年版，圖三〇，有剪裁。

〔註78〕 魯迅：《野草・求乞者》，《魯迅全集》第二卷，人民文學出版社 2005 年版，第 171 頁。

〔註79〕 魯迅：《野草・求乞者》，《魯迅全集》第二卷，人民文學出版社 2005 年版，第 172 頁。

〔註80〕 魯迅：《呐喊・自序》，《魯迅全集》第一卷，人民文學出版社 2005 年版，第 441 頁。

〔註81〕 朱存明：《漢畫像的象徵世界》，人民文學出版社 2005 年版，第 177 頁。

圖 9　魯迅藏肥城孝堂山郭氏石室畫像（中脊底部）〔註 82〕

　　如圖 10 所示，在魯迅收藏的漢畫像中，只要有車馬出行，那麼這種鳥便會出現。如圖 11 所示，在泗水撈鼎的畫像中，烏鴉不僅出現在天空，而且充斥在撈鼎的周圍，這不僅起到裝飾性的效果，而且也是古人表達時間流逝的方式。

圖 10　魯迅藏肥城孝堂山郭氏石室畫像（正壁右上）局部〔註 83〕

─────────────

〔註82〕 此圖取自北京魯迅博物館、上海魯迅紀念館編《魯迅藏漢畫像》（二），上海
　　　　人民美術出版社 1991 年版，圖二五，有剪裁。
〔註83〕 此圖取自北京魯迅博物館、上海魯迅紀念館編《魯迅藏漢畫像》（二），上海
　　　　人民美術出版社 1991 年版，圖二六，有剪裁。

圖 11　魯迅藏嘉祥武氏祠畫像（武班石室）〔註84〕

「烏鴉」還出現在《奔月》裏，但內涵與《藥》裏面的有了很大的不同。如果說後者是高居於悲喜之上的拯救者，那麼前者則是落入凡塵的困頓者，充滿了無奈的氣息。后羿的弓在從前是射日的，也就是射那隻三足烏的，而現在則只能射其落入凡塵中的後裔——烏鴉了，整天吃烏鴉炸醬麵。一爲從太陽中承繼了力量的超人，一爲整日忙於柴米油鹽的凡夫俗子，內涵截然相反，卻也可以說成是漢畫像中那隻太陽鳥的一體兩面。由於烏鴉是太陽的象徵，又廣泛出現在魯迅收藏的漢畫像中，他受其影響創作出自己文學作品中的意象，應該是存在著這種可能性的。

〔註84〕此圖取自北京魯迅博物館、上海魯迅紀念館編《魯迅藏漢畫像》（二），上海人民美術出版社 1991 年版，圖六一，有剪裁。

第五章　魯迅和文人畫

第一節　魯迅收藏文人畫概況

　　文人畫是中國傳統繪畫最具特色的美術作品。試看其定義：

　　　　文人畫，亦稱「士夫畫」。中國繪畫史名詞。泛指中國封建社會
　　中文人、士大夫的繪畫，以別於民間和宮廷畫院的繪畫。宋代蘇軾
　　提出「士人畫」，明代董其昌稱道「文人之畫」，以唐代王維爲其創
　　始者，並目爲南宗之祖。文人畫的作者，一般迴避社會現實，多取
　　材於山水、花鳥、竹木，以發抒「性靈」或個人牢騷，間亦寓有對
　　民族壓迫或腐朽政治的憤懣之情。他們標舉「士氣」、「逸品」，講求
　　筆墨情趣，脫略形似，強調神韻，並重視文學修養，對畫中意境的
　　表達以及水墨、寫意等技法的發展，有很大影響；但其末流，玩弄
　　筆墨形式，作品意境空虛貧乏。〔註1〕

魯迅在文字中提到文人畫時多以寫意畫冠之，與收藏的版畫和漢畫像相比，
文人畫的份量幾乎可以忽略不計。在北京魯迅博物館工作的李允經表示，「在
魯迅藏畫中，中外版畫作品約達 5000 餘幅，而文人畫則區區 20 餘件，也彷
彿不成比例。而這少量畫作也多係畫家以畫會友、向他傳遞友情的贈品。」
〔註2〕由於文人畫價格的昂貴，我們不能以魯迅收藏數量的多少，來揣測他

〔註 1〕夏徵農、陳至立主編《辭海》（第六版縮印本），上海辭書出版社 2010 年版，
　　　　第 1978 頁。
〔註 2〕李允經：《魯迅與中外美術》，書海出版社 2005 年版，第 270 頁。

的好惡。關於文人畫，他在北京時期沒有發表觀點，評說集中在上海時期，試看相關文字：

> 我以為宋末以後，除了山水，實在沒有什麼繪畫，山水畫的發展也到了絕頂，後人無以勝之，即使用了別的手法和工具，雖然可以見得新穎，卻難於更加偉大，因為一方面也被題材所限制了。
>
> ……
>
> 就繪畫而論，六朝以來，就大受印度美術的影響，無所謂國畫了；元人的水墨山水，或者可以說是國粹，但也不必復興，而且即使復興起來，也不會發展的。〔註3〕
>
> 我們的繪畫，從宋以來就盛行「寫意」，兩點是眼，不知是長是圓，一畫是鳥，不知是鷹是燕，競尚高簡，變成空虛。〔註4〕
>
> 米點山水，則毫無用處。後來的寫意畫（文人畫）有無用處，我此刻不敢確說，恐怕也許還有可用之點的罷。〔註5〕

從中可以看出魯迅對於文人畫的態度，一方面肯定其美術史上的地位，稱其為「國粹」，並認為「難於更加偉大」，另一方面對其「競尚高簡，變成空虛」的弊病予以否定。有些學者據此認為，魯迅眼中的文人畫，「因為在藝術上豐富而獨特，甚至神妙，所以才見其偉大和輝煌；又因為思想平庸，題材狹小，形式雷同，才見其渺小和貧乏。」〔註6〕這種形式內容二分法有一定的道理，但也將渾然一體的藝術品人為割裂，遮蔽了一些東西。首先，魯迅發表這些觀點都是到了上海以後，這期間他致力於版畫活動的紹介和推廣，主要是以對於當時的新興木刻版畫有無借鑒之處發表對文人畫的看法的。即使如此，魯迅也沒有完全否定文人畫當下的價值。試看下面兩段論述：

> 畫家如僅畫幾幅靜物、風景和人物肖像，還未盡畫家的能事。
>
> 藝術家應注意社會現狀，用畫筆告訴群眾所見不到的或不注意的社會事件。總而言之，現代畫家應畫古人所不畫的題材。

〔註3〕 魯迅：《書信·350204　致李樺》，《魯迅全集》第十三卷，人民文學出版社2005年版，第372～373頁。

〔註4〕 魯迅：《且介亭雜文末編·記蘇聯版畫展覽會》，《魯迅全集》第六卷，人民文學出版社2005年版，第499頁。

〔註5〕 魯迅：《且介亭雜文·論「舊形式的採用」》，《魯迅全集》第六卷，人民文學出版社2005年版，第24頁。

〔註6〕 李允經：《魯迅與中外美術》，書海出版社2005年版，第248頁。

　　古人作畫，除山水花卉而外，絕少畫社會事件，他們更不需要畫
寓有什麼社會意義。你如問畫中的意義，他便笑你是俗物。這類思想
很有害於藝術的發展。我們應當從這類舊思想中解放出來。〔註7〕

　　曾被看作高尚的風景和靜物畫，在新的木刻上是減少了，然而
看起作品來，這二者反顯著較優的成績。因爲中國舊畫，兩者最多，
耳濡目染，不覺見其久經攝取的所長了，而現在最需要的，也是作
者最著力的人物和故事畫，卻仍然不免有些遜色，平常的器具和形
態，也間有不合實際的。由這事實，一面固足見古文化之裨助著後
來，也束縛著後來，但一面也可見入「俗」之不易了。〔註8〕

文人畫的題材集中在山水花卉，而忽略社會事件，對於提倡要表現當下的版
畫藝術的發展不利。但由於既有藝術的影響，這兩者在木刻上卻是最有成績
的。魯迅認爲，當下的版畫工作者既要從中學習，也要實現突破。由於這些
描述都是基於發展版畫而對文人畫所展開的評價，因此，我們不能把這些表
述看成是魯迅對文人畫看法的全部。

　　在審美層面上，魯迅不僅不排斥文人畫，而且相當喜愛。據周作人回憶，
他在影寫小說繡像的基礎上，開始影寫純粹的繪畫，「這裡邊最記得清楚的是
馬鏡江的兩卷《詩中畫》，他描寫詩詞中的景物，是山水畫而帶點小人物」。〔註
9〕此外，他還影寫過王冶梅的寫意人物畫《三十六賞心樂事》。可見，魯迅在
小時候即接觸過文人畫。在魯迅收藏的文人畫裏，有朋友的餽贈，有主動向
畫家索要的，也有購買的。由於和陳師曾交往密切，收藏中有一半是他的畫
作。查魯迅日記，陳師曾的贈畫有 10 幅之多。〔註10〕此外，據李允經統計，

〔註 7〕　魯迅：《魯迅先生一九三○年二月二十一日在上海中華藝術大學的講演》記錄
　　　　　稿，劉汝醴記，張望編《魯迅論美術》（增訂本），人民美術出版社 1982 年版，
　　　　　第 203 頁。
〔註 8〕　魯迅：《且介亭雜文二集·〈全國木刻聯合展覽會專輯〉序》，《魯迅全集》第
　　　　　六卷，人民文學出版社 2005 年版，第 350～351 頁。
〔註 9〕　周啓明：《魯迅的青年時代》，魯迅博物館、魯迅研究室、《魯迅研究月刊》選
　　　　　編《魯迅回憶錄·專著》（中冊），北京出版社 1999 年版，第 798 頁。
〔註 10〕　「陳師曾爲作山水四小幀，又允作花卉」，見魯迅：《日記·19141210》，《魯
　　　　　迅全集》第十五卷，人民文學出版社 2005 年版，第 143 頁；「午後陳師曾爲
　　　　　作冬華四幀持來」，見魯迅：《日記·19150202》，《魯迅全集》第十五卷，第
　　　　　159 頁；「師曾贈自作畫一枚」，見魯迅：《日記·19170126》，《魯迅全集》第
　　　　　十五卷，第 273 頁；「午後從陳師曾索得畫一幀」，見魯迅：《日記·19210110》，
　　　　　《魯迅全集》第十五卷，第 421 頁。

1912 年 11 月 14 日購林紓《山水寫意》一幀；自 1924 年至 1931 年間，魯迅得二姨母之子酈荔臣畫作四幅；1924 至 1925 年間，魯迅共得到袁匋庵的《山水》共五幅；在 1915 年和 1924 年分別得戴克讓山水畫各一幅；1913 年得包蝶仙山水畫一幅；1914 年得劉笠青《天風海濤》一幅。〔註11〕在王錫榮編纂的《魯迅的藝術世界》裏，國畫這一欄中還有孫福熙的《菊花》一幅和陶詩成的《山水》一幅。〔註12〕

　　上述這些畫作，魯迅購買的不多，有很多是朋友贈送，也有輾轉託人求得的。他日記中記道，「前乞戴蘆舲畫山水一幅，今日持來；又包蝶仙作山水一枚，乃轉乞所得者」〔註13〕，並且所得袁匋庵的畫也是「通過俞芬向他求畫」〔註14〕。如此費工夫的事，應當是對這些畫作有著相當的喜愛。他在收到包蝶仙的《山水》時，發出「晴窗披覽，方佛見故鄉矣」〔註15〕的感慨。對於在買到林紓的《山水寫意》這幅畫作時，他雖然在日記裏記下「亦不甚佳」〔註16〕，但有學者也有不同意見，覺得此畫「係山水圖，通篇靜穆和素雅，內中含著古老的氣息」，並認為「魯夫子收藏此物，是一種情結作怪。年輕的時候，喜讀林譯的作品，對其文字有種感念吧」。〔註17〕此外，魯迅還將這些藏畫當作禮物送給內山完造和增田涉等朋友。〔註18〕這些畫作在他前期的生活中占居了重要的角色，是其眾多嗜好中的一種。魯迅後來在編輯《北平箋譜》時表示，「我舊習甚多，也愛中國箋紙，當作花紙看」〔註19〕。對文人畫的收藏和喜愛，應該也是他所稱的「舊習」之一吧。他稱為「舊習」的東西，是以新文學的眼光進行的評價。但悖謬的是，他偏偏不能捨卻。這裡

〔註11〕 李允經：《魯迅藏畫欣賞》，西北大學出版社 1999 年版，第 36～43 頁。

〔註12〕 參見王錫榮編纂《魯迅的藝術世界》，江蘇文藝出版社 2009 年版，第 222 頁，第 223 頁。

〔註13〕 魯迅：《日記·19130215》，《魯迅全集》第十五卷，人民文學出版社 2005 年版，第 49 頁。

〔註14〕 李允經：《魯迅藏畫欣賞》，西北大學出版社 1999 年版，第 41 頁。

〔註15〕 魯迅：《日記·19130215》，《魯迅全集》第十五卷，人民文學出版社 2005 年版，第 49 頁。

〔註16〕 魯迅：《日記·19121114》，《魯迅全集》第十五卷，人民文學出版社 2005 年版，第 30 頁。

〔註17〕 孫郁：《魯迅藏畫錄》，花城出版社 2008 年版，第 63 頁。

〔註18〕 參見李允經：《魯迅藏畫欣賞》，西北大學出版社 1999 年版，第 40 頁。

〔註19〕 魯迅：《書信·340211　致姚克》，《魯迅全集》第十三卷，人民文學出版社 2005 年版，第 24 頁。

面不僅有如文人畫這樣的美術作品，也有如「回憶」這樣的思維習慣。魯迅認為，「所謂回憶者，雖說可以使人歡欣，有時也不免使人寂寞，使精神的絲縷還牽著已逝的寂寞的時光，又有什麼意味呢」，但他卻「苦於不能全忘卻」，〔註20〕「使我時時反顧」〔註21〕。有學者認為，「回憶乃是魯迅精神壓抑時不堪重負而尋求出路的一種心理表現。」〔註22〕也有學者認為，「創作像《朝花夕拾》這樣的回憶性散文對魯迅的生命狀態來說是雙重的：一是使他的自我認同的努力找到了一種最真實的內涵」，「二是，回憶使他重新擁有了自身」。〔註23〕魯迅需要借回憶這種形式將息自己困乏的身體和精神，從而可以重新投入戰鬥。如果把《朝花夕拾》看作魯迅回憶過去的文章，《野草》可以看作像那倔強前行的過客一樣，拒絕任何溫情的布施，決絕地告別過去毅然前行之作。在魯迅自己的內心裏，或許將《野草》看得更為重要一些。但我們不能因為分別是「眷念過去」或是「遙想將來」，〔註24〕而對其的文學價值進行判定。《朝花夕拾》和魯迅晚年的回憶性文章，「與同時期的其他作品相比，特別是與那些措辭激烈、劍拔弩張，帶有極濃政論色彩的評論文章相比，這些回憶之作收斂了魯迅雜文中那種習以為常的攻擊鋒芒，也不以邏輯論辯見長，但讀來卻更顯得雋永深厚，饒有餘味。」〔註25〕作為文學作品，它們從不同的側面展現了魯迅豐富隱秘的內心世界。就如同這兩部文學作品一樣，我們也不能將魯迅自稱為「舊習」的那些愛好，人為地分出高低優劣來。它們共同構成了一個完整的魯迅，互相聯繫，不可分割。正是基於這些原因，當康有為和陳獨秀等人激烈地攻擊文人畫，要革王畫的命時，魯迅在發表的有關涉及美術的文章時，並沒有表示贊同。

由於價格的原因，魯迅雖然收藏的文人畫不多，但購買相關的美術書籍

〔註20〕魯迅：《吶喊·自序》，《魯迅全集》第一卷，人民文學出版社 2005 年版，第 437 頁。

〔註21〕魯迅：《朝花夕拾·小引》，《魯迅全集》第二卷，人民文學出版社 2005 年版，第 236 頁。

〔註22〕吳俊：《暗夜裏的過客：一個你所不知道的魯迅》，東方出版中心 2006 年版，第 174 頁。

〔註23〕參見鄭家建：《重現的時光——論魯迅的回憶性散文》，《中國現代文學研究叢刊》1997 年第 3 期。

〔註24〕魯迅：《華蓋集·忽然想到（七至九）》，《魯迅全集》第三卷，人民文學出版社 2005 年版，第 66 頁。

〔註25〕吳俊：《暗夜裏的過客：一個你所不知道的魯迅》，東方出版中心 2006 年版，第 176 頁。

的數量卻不容小覷。據金綱統計，在魯迅的文字中出現的外國美術作品類共
165 種，其中 1928 年以前的有 16 種；中國書畫類共 157 種，1928 年之前的
有 84 種。〔註26〕這些書籍多出現在魯迅的日記裏，是其購書的記錄。從總體
數量上看，外國美術作品類與中國書畫類大致相當。但如從時間段上來看，
魯迅在 1928 年之前更關注中國書畫類作品。在他關注的中國書畫類的 94 位
畫家中，其中清代的有 49 位，近代 13 位，明代 13 位，宋代 7 位，元代 5 位，
唐代 3 位，晉代 3 位，五代 1 位；出現一次以上的畫家中，陳洪綬 9 次，石
濤 6 次，文徵明和吳友如各 3 次，戴熙、改琦、金農、龔賢、任熊、梅清、
李墨巢、吳昌碩、陳淳、仇英、沈周、顧愷之各 2 次。由此可見，魯迅對文
人畫的喜愛不僅貫穿北京和上海兩個不同階段，而且涉及到的畫家也遍佈各
個歷史時期。

第二節　魯迅偏愛的文人畫的類型特徵

　　魯迅關注的文人畫作者數量龐大，在歷史長河裏燦若群星的畫家中，他
是有所選擇的。即使提到的畫家，也並非沒有輕重之分，對有些畫家，他顯
然更加偏愛，會多次購買其畫冊，有些雖然不易得，但仍會花費時間、金錢
弄到手。中國文人畫的發展有著自身獨特的脈絡和特徵，也分作各種不同的
派別。通過對魯迅關注的畫家的考察，並結合中國文人畫的發展，下文試圖
梳理出魯迅所喜愛的文人畫的類型和特徵。

　　根據文人畫發展的不同階段，可以分為三個時期。雖然文人畫在元代之
前就有，但「其大盛則在元代」，並且「號稱元四家的倪瓚、黃子久、吳鎮、
王蒙，為文人畫奠定了基礎，其影響及於明清兩代」，以至於「在元明清三代，
畫壇已基本上是屬於文人畫的天下」。〔註27〕因此，論著把元之前的畫家算作
一個時期，在這個階段，「文人畫」取其寬泛的定義，即身份為文人的畫作；
元明清算作一個時期，這期間的畫作最具文人畫的特徵；近代算作一個時期，
由於時代帶來的衝擊，傳統文人畫也不得不發生一些新變。

　　在魯迅關注的 94 位文人畫家中，1928 年之前的有 53 位，元代以前的有

〔註26〕參見金綱編著《魯迅讀過的書》，中國書店 2011 年版。在第 849 頁中國書畫
　　　　類中，編者誤將出現在魯迅日記 1912 年 9 月 22 日的《綏山畫冊》歸入中國
　　　　書畫，實際上該書名中的綏山即為塞尚，應歸入外國美術作品類。
〔註27〕李允經：《魯迅與中外美術》，陝西人民出版社 1992 年版，第 240 頁。

索靖、顧愷之、閻立本、林逋、朱長文、李公麟和馬和之等；元明清的有黃公望、王振鵬、顏輝、李衎、陳淳、董其昌、仇英、蔡玉卿、黃道周、沈周、杜堇、文徵明、徐渭、祝允明、陳洪綬、石濤、戴熙、周亮工、費丹旭、傅山、龔賢、顧洛、潘曾瑩、童珏、黃慎、蔣廷錫、金農、丁善長、梁巘、任熊、楊守敬、羅聘、馬元馭、馬江香、梅清、金古良、舒位、陳元叔、王翬、上官周、王小梅、吳錫麟、陶元藻和鄭燮等；近代的有吳友如、吳觀岱、陳師曾和陶元慶等。上述這些畫家，有些在美術史上的貢獻較大，有自己較爲顯著的風格，有些則沒有那麼重要。因此，論著選取其中風格較爲獨特的進行分析，試圖尋繹出魯迅的偏好。

元以前文人畫家

按題材來分，中國傳統繪畫可分爲山水、人物和花鳥三大類。人物畫的發展最早，魏晉南北朝開始發達成熟，唐朝時則繁盛起來，不僅類型齊全，而且在傳統的基礎上獲得巨大發展，宋代發生新變，進入元以後，人物畫衰落下去。魯迅關注的元以前的畫家中，顧愷之、閻立本和李公麟，都以人物畫著稱於世，而且在美學思想和繪畫技法方面也有著內在的傳承。

首先，在美學思想上，他們都追求在形似基礎上傳神，提倡不僅準確再現繪畫對象的外形，而且能夠展現人物的心理狀態和精神風貌。魯迅曾多次搜集顧愷之的繪畫作品，並且是一買再買，〔註28〕足見對其的喜愛。他在和鄭振鐸商量爲青年們編印畫冊時，就建議選取顧愷之的《女史箴圖》，認爲可

〔註28〕「阮刻《列女傳》各一部」，見魯迅：《日記・19120616》，《魯迅全集》第十五卷，人民文學出版社 2005 年版，第 6 頁；「午後寄馬幼漁信並還《列女傳》」，見魯迅：《日記・19230720》，《魯迅全集》第十五卷，第 475 頁；「往漢文淵書肆買《列女傳》一部四本」，見魯迅：《日記・19280413》，《魯迅全集》第十六卷，第 77 頁；「往來青閣買阮氏本《古列女傳》二本，又黃嘉育本八本」，見魯迅：《日記・19331203》，《魯迅全集》第十六卷，第 411 頁；「內計木版顧愷之畫《列女傳》」，見魯迅：《日記・19340109》，《魯迅全集》第十六卷，第 428 頁；「下午往漢文淵買顧愷之畫《列女傳》一部四本」，見魯迅：《日記・19340615》，《魯迅全集》第十六卷，第 456～457 頁；「午後赴留黎廠有正書局買陳居中繪《女史箴圖》一冊」，見魯迅：《日記・19131116》，《魯迅全集》第十五卷，第 87 頁；「又往文明書局買《女史箴圖》一本」，見魯迅：《日記・19310419》，《魯迅全集》第十六卷，第 249 頁。

以反映當時社會的眞實狀態。顧愷之在繪畫時非常注重「以形寫神」，有人認爲他的畫「除體精微，筆無妄下」〔註29〕，因此，使得後人可以通過其畫作瞭解當時社會的具體情形。閻立本根據人物的不同特點，能夠刻畫出獨特的樣貌來。魯迅購買的《閻立本帝王圖》，即影印的《歷代帝王圖》，此畫卷共有十三個皇帝像，「閻立本以他精湛的寫實技巧，在一幅不大的絹素上，深刻地刻畫了如此眾多的典型性格，這在人物畫的歷史上是無與倫比的」。〔註30〕閻立本能夠通過歷史資料的記載，運用繪畫的形式將這些人物創造出來，並且呈現出不同的精神氣質，是需要高超的表現技巧的。李公麟是在畫史上將白描畫法確立爲一格的重要人物畫家。「李公麟作畫，重視繪畫創作對生活實際的認眞觀察，不是一味蹈習古法。他畫人物，區分出人物的不同身份、不同地域、種族的特徵，使人一望，即能辨其爲『廊廟、館閣、山林、草野、閭閻、臧獲、臺輿、皁隸』」。〔註31〕他善於畫馬，經常到皇帝的馬廄觀察，異常專注，別人和他說話，他都不予理睬。這三位畫家都非常強調在觀察現實的基礎上，刻畫出人物的內在精神特徵。這既是魯迅關注他們的原因所在，也是他捨棄張僧繇、吳道子「疏體」一路畫家的原因，他們雖然在繪畫上同樣取得了很高的藝術成就，但走的是以極簡練的筆墨，概括出人物特徵的路子，「筆才一二，而像已應焉」〔註32〕，發展到後來即成爲遺貌取神的「減筆畫」，只注重表達人物的內心世界，而忽略了最基本的形似。至於張萱和周昉「設色濃豔華麗，並喜用紅色暈染耳根」〔註33〕，以宮廷婦女作爲主要描寫對象的仕女畫，更是魯迅所不感興趣的。

其次，在繪畫技法上，他們都以單純的線作爲造型的基本手段。張彥遠在《歷代名畫記》裏說：「顧愷之之迹緊勁聯綿，循環超忽，調格逸易，風趨電疾」〔註34〕，這種聯綿的線，「如春蠶吐絲」〔註35〕。閻立本在用筆方面，

〔註29〕張彥遠：《歷代名畫記》，俞劍華注釋，上海人民美術出版社1964年版，第142頁。
〔註30〕鄭朝，藍鐵：《中國畫的藝術與技巧》，中國青年出版社2005年版，第45頁。
〔註31〕王伯敏：《中國繪畫通史》（上冊），生活·讀書·新知三聯書店2001年版，第343頁。
〔註32〕張彥遠：《歷代名畫記》，俞劍華注釋，上海人民美術出版社1964年版，第152頁。
〔註33〕鄭朝，藍鐵：《中國畫的藝術與技巧》，中國青年出版社2005年版，第51頁。
〔註34〕張彥遠：《歷代名畫記》，上海人民美術出版社1964年版，第34頁。

承繼的是北齊人物畫家曹仲達的高古遊絲描，又叫鐵線描。「和顧愷之相比，顯然閻立本是前進了一大步，那種用線的輕重、粗細、堅柔，臻於圓熟的境地。這些線條，能夠恰如其分地表現出不同對象的質量感，消失了線條的纖弱與呆滯的缺點。」〔註 36〕這種鐵線描是援引篆書筆法進入繪畫，線條粗細大體一致，需要很細緻的描寫功夫。與此不同的是，吳道子將張旭似的狂草筆法運用到繪畫中，創造出一種粗細相間、變化多姿的用筆，被稱爲「蓴菜條」，也稱爲「蘭葉描」。他畫的人物衣帶飄舉，充滿動感，被稱爲吳帶當風，和曹衣出水恰恰相反。「自此畫法遂分爲兩派，一爲曹派，一爲吳派。直至現在的畫工，也不外這兩派。」〔註37〕魯迅對這兩種用筆曾有過評價，認爲「粗筆寫意畫有勁易，工細之筆有勁難，所以古有所謂『鐵線描』，是細而有勁的畫法，早已無人作了，因爲一筆也含糊不得。」〔註 38〕對於閻立本的這種用筆，魯迅是持讚賞態度的。發展到了北宋的李公麟，他在學習前人的基礎上，將最初只是作爲畫家打草稿之用的白描，成功發展成爲一種獨立的用筆方法。「『白描』畫法是一種需要高度簡潔又要效果明快的表現手法。它依靠曲直、粗細、剛柔、輕重而富有韻律變化的線條，達到對複雜的形狀與特徵的概括。他所畫的人物，往往只憑几條起伏而有韻律感的墨線來完成。」〔註 39〕這要求畫家必須具備深厚的寫生功底，需要深入細緻地觀察描寫對象和勤奮刻苦的練習，才可以達到既準確地描摹出事物的外形，又表現出它們的內在精神。因此，「像蘇軾、黃庭堅這些文人畫家，儘管他們很欣賞李公麟的白描，但從參與的角度，他們又不十分的認同，認爲這樣精緻細膩的白描畫法從根本上還是沒有擺脫他們所說的『俗氣』。」〔註40〕這是因爲他們過分強調了繪畫要表現所謂的文人節操，而忽略了最基本的形似問題。李公麟開創的白描技法，與西方繪畫中的素描有相似之處。雖然進入元明清以後，文人畫大行其道，「白描」只在賈師古、趙孟頫、仇英、陳洪綬等少數畫家那裡得到承傳，

〔註35〕張彥遠：《歷代名畫記》，上海人民美術出版社 1964 年版，第 120 頁。

〔註36〕溫肇桐：《初唐的人物畫家閻立本》，《美術》1979 年第 5 期。

〔註37〕陳師曾：《中國繪畫史》，中華書局 2010 年版，第 138 頁。

〔註38〕魯迅：《書信‧340403　致魏猛克》，《魯迅全集》第十三卷，人民文學出版社 2005 年版，第 61 頁。

〔註39〕王伯敏：《中國繪畫通史》（上冊），生活‧讀書‧新知三聯書店 2001 年版，第 345 頁。

〔註40〕董蕊：《論李公麟與宋代人物畫》，《陝西師範大學學報（哲學社會科學版）》2009 年第 1 期。

但也為當時的繪畫提供參考。中國人的寫生能力並不一定就只能學習西方油畫的素描，白描這一傳統技法也可以發揮自己的價值。魯迅非常推崇白描技法，並應用到自己的文學創作中。

元明清文人畫家

　　元明清是文人畫繁盛時期，魯迅關注的也多是文人畫家。有學者將文人畫的特徵總結為，以有「士氣」為上品，以「超然於物外」為處世之道，以「萬壑在胸」為畫源，以「書畫本來同」為要旨，以所作「合幽寂人之心」為快事。這裡的「士氣」被解釋為當時士大夫的道德人品和閱歷的體現，也包含著作者在文藝方面的涵養。〔註41〕近代的陳師曾認為，「文人畫之要素，第一人品，第二學問，第三才情，第四思想。」〔註42〕「士氣」所指的應當包含前三條要素，而第四條的思想，所說的即是「超然於物外」的處世之道。元明清的文人由於生活的時代已失去唐宋那麼高的社會地位，他們以與朝廷不合作的姿態立身，清高自鳴，所尋求的知音，自然是「幽寂人」。所謂以「萬壑在胸」為畫源，強調的依然是文人畫要以真山真水作為繪畫的基礎，只不過不能局限於此，而更要寫出文人自身的情懷。「書畫本來同」說的是繪畫的表現形式。近代對文人畫的攻擊，除第四條外，其餘均為標的。這主要集中在兩點上，一是避世的消極態度，一是重寫意輕形似。當然，對此持批評態度的人多是從自己的政治理想出發，他們往往不是專業的畫家，將繪畫視作社會變革中的一環，為其終極目的添磚加瓦。康有為反對文人畫，「是他從『器用之學』的角度，把調和中西的寫實畫法看作一種可以直接豐富日常器用生產的物質力量，由此呼應其幾乎根深蒂固的『物質救國』的主張。」〔註43〕陳獨秀要革「王畫」的命，認為「王石谷的畫是倪、黃、文、沈一派中國惡畫的總結束」，〔註44〕主張採用西方繪畫的寫實精神。「在他看來，『寫實主義』作為一種科學地觀察世界和再現世界的方法，對於盲目地崇拜古人和輾轉地

〔註41〕　參見王伯敏：《中國繪畫通史》（上冊），生活‧讀書‧新知三聯書店 2001 年版，第 554～557 頁。

〔註42〕　陳師曾：《中國繪畫史》，中華書局 2010 年版，第 147 頁。

〔註43〕　胡健：《朽者不朽：論陳師曾與清末民初畫壇的文化保守主義》，北京大學出版社 2012 年版，第 56 頁。

〔註44〕　陳獨秀：《美術革命》，郎紹君、水天中編《二十世紀中國美術文選》（上卷），上海書畫出版社 1999 年版，第 30 頁。

模仿古人之病具有天然的免疫力」，〔註45〕從而可以眞正地發展個人的潛能，張揚個性，全面發展。所以，陳獨秀雖對文人畫惡語相加，卻認爲「倒是後來的揚州八怪，還有自由描寫的天才，社會卻看不起他們。」〔註46〕由此可以看出，康有爲、陳獨秀等人和後來從事版畫期間的魯迅一樣，都是從實用主義出發來評價文人畫的得失。若從審美的角度看，就會得出不一樣的結論，他們內心裏不一定就如文章裏所寫的那樣憎惡文人畫。即以避世的態度和重寫意輕形似這兩點爲例，並非完全沒有價值。在現實政治變幻莫測的巨大風險面前，文人們退入繪畫的山水中，固守內心的節操，表達自己的情趣，雖然不能給現實帶來積極的改變，但也自有值得肯定之處。魯迅終生不與當權者合作，那份特立獨行的孤傲，與文人畫的作者們也有相似之處。重寫意輕形似，並不意味著不注重形似，而是不以形似爲目的，強調在形似的基礎上有文人自身的思想情趣在。唐代畫家張璪所提出的「外師造化，中得心源」，向來是文人畫家遵循的繪畫原則。文人畫家大多強調瀏覽名山大川，從中獲得創作的素材和靈感。即使提出「逸筆草草，不求形似」的倪瓚，也是很注重寫生的。所以，陳師曾爲其辯護，「即云林不求形似，其畫樹何嘗不似樹，畫石何嘗不似石？所謂不求形似者，其精神不專注於形似，如畫工之鈎心鬥角，惟形之是求耳」。〔註47〕若以此觀之，則康、陳等對文人畫的指責，不免有一種爲了自己的政治理想而強美術所難的味道。況且人們的審美習性與政治現實的改變雖有聯繫，但畢竟是兩個相對獨立的領域。我們不能說以表達內心情感和注重色彩本身和諧爲主旨的西方現代派繪畫，相對於以「眞和美」爲目的古典繪畫，就是一種退步。時間證明，文人畫沒有成爲中國進步的絆腳石，而是在時代的變化中發生著新變。所以，魯迅在當時影響巨大的反對文人畫的浪潮中，不但沒有隨聲附和，而且認爲，「美術家固然須有精熟的技工，但尤須有進步的思想與高尚的人格。他的製作，表面上是一張畫或一個彫像，其實是他的思想與人格的表現。令我們看了，不但歡喜賞玩，尤能發生感動，造成精神上的影響。」〔註48〕兩年後，陳師曾在爲文人畫作辯護的

〔註45〕 胡健：《朽者不朽：論陳師曾與清末民初畫壇的文化保守主義》，第 58 頁。
〔註46〕 陳獨秀：《美術革命》，郎紹君、水天中編《二十世紀中國美術文選》（上卷），
　　　　上海書畫出版社 1999 年版，第 30 頁。
〔註47〕 陳師曾：《中國繪畫史》，中華書局 2010 年版，第 147 頁。
〔註48〕 魯迅：《熱風・隨感錄四十三》，《魯迅全集》第一卷，人民文學出版社 2005

《文人畫之價值》中說：「殊不知畫之爲物，是性靈者也，思想者也，活動者也，非器械者也，非單純者也。」〔註49〕「蓋藝術之爲物，以人感人，以精神相應者也。有此感想，有此精神，然後能感人而能自感也。」〔註50〕魯迅和陳師曾對美術的本質和作用的觀點是一致的。他雖然後來在從事版畫活動時，也指出文人畫的不足，但並沒有完全否定其價值，還認爲其是偉大的藝術，可見魯迅更多地是從審美而非實用的角度對文人畫進行評論的。

雖然對文人畫給予充分肯定，但通過魯迅購買的畫作，也可以看出他所偏愛的類型。文人畫最青睞的題材無疑是山水，魯迅所購買的畫冊卻多是花鳥和人物題材的。他很喜歡那些風格怪異獨特，熱衷創新的畫家。就像魯迅讀中國古書一樣，他總喜歡那些偏離主潮的。據周作人回憶，「魯迅尋求知識，他自己買書借書，差不多專從正宗學者所排斥爲『雜覽』的部門下手，方法很特別，功效也是特別的。他不看孔孟而看佛老，可是並不去附和道家者流，而佩服非聖無法的嵇康，也不相信禪宗」。〔註51〕「他不佩服唐朝的韓文公（韓愈），尤其是反對宋朝的朱文公（朱熹），這是值得注意的事。詩歌方面他所喜愛的，楚辭之外是陶詩，唐朝有李元吉，溫飛卿和李義山，李杜元白他也不非薄，只是並不是他所尊重的。」〔註52〕對於文人畫家，他也是這樣，像王維、蘇軾、米芾父子、倪瓚、王蒙、吳鎮等開創者和奠基者，都沒有關注。即使是明代文人畫的代表畫家吳門畫派，魯迅也僅購有沈周的《沈石田靈隱山圖》和《沈石田移竹圖》，仇英的《飛燕外傳》，文徵明的《文徵明瀟湘八景》。其中《沈石田移竹圖》和《飛燕外傳》均是以竹子和人物爲題材，《文徵明瀟湘八景》是山水畫，但由於魯迅非常喜歡文徵明的書法，他購有《文衡山手書離騷》和《文衡山自書詩稿》，而此畫冊中中八幅畫的後面均有獨立的書法作品，因此，他很有可能是因爲書法的緣故而購置此書。魯迅對於這些畫家的疏離，可能緣於他們身上的隱逸氣息過重，過分沉溺在自我的世界中，對外界不予關注。

年版，第 346 頁。
〔註49〕陳師曾：《中國繪畫史》，中華書局 2010 年版，第 141 頁。
〔註50〕陳師曾：《中國繪畫史》，中華書局 2010 年版，第 147 頁。
〔註51〕周啓明：《魯迅的青年時代》，魯迅博物館、魯迅研究室、《魯迅研究月刊》選編《魯迅回憶錄：專著》（中冊），北京出版社 1999 年版，第 818 頁。
〔註52〕周啓明：《魯迅的青年時代》，魯迅博物館、魯迅研究室、《魯迅研究月刊》選編《魯迅回憶錄：專著》（中冊），北京出版社 1999 年版，第 819 頁。

　　相對上述這些文人畫主流畫家，魯迅更喜歡那些大膽叛逆創新，風格奇異獨特的畫家，如石濤、揚州八怪等。他對石濤的喜愛是貫穿前後期的。在 1912 年，魯迅即購買《大滌子山水冊》，在上海期間，又陸續購有《石濤和尚八大山人山水合冊》、《石濤畫東坡時序詩冊》、《石濤紀遊圖詠》、《石濤山水冊》和《石濤山水精品》，還購有日本著名畫家喬本關雪寫的《石濤》的畫家研究。這也是在他所關注的畫家中，除了陳洪綬以外，購書最多的。石濤之所以能夠贏得魯迅的青睞，源於他在繪畫藝術上高超的成就。與那些離世索居的畫家不同，他始終處在社會之中，並且內心充滿了矛盾和痛苦。明朝覆亡成了這位皇族後裔一生揮之不去的傷痛，但進入中年以後，又曾試圖投靠清王朝統治者，並於康熙南巡時獻畫賦詩。這又構成了他內心另一重痛苦。當內心深處無法排解的愁苦以繪畫的形式得以表達出來時，就顯得言之有物。石濤在藝術上勇於突破前人，批判一味描摹古人的習氣，主張要有自己的創作方法，畫家要遍覽名山大川，從自然中獲得創作的靈感，然後再在自己心得的基礎上進行創作。「在那『正統派』勢力極其強大的清初畫壇上，石濤的畫以潑辣奔放的風格、清新俊逸的神韻別開生面。在構圖上，他敢於突破前人種種陳規，創造出新穎奇特的畫面。在筆墨技法上，他不拘一格，靈活多變，或剛或柔，或肥或瘦，或輕或重，或潑辣或婉媚，或凝重或飛舞，凡是筆墨所能表現的形象，他都能『曲盡其態』」。〔註53〕石濤晚年定居揚州，對後來的「揚州八怪」有著直接的影響。有學者將他們之間的承傳進行總結，認為二者都強調個性，主張從大自然中獲取靈感；生活清苦，性格張揚，借繪畫抒發憤懣；畫風「狂放」、「縱橫」，並且將文人畫的主要陣地從山水畫轉移到花鳥竹石。〔註54〕他們在題材上的突破還不僅於此，像黃慎更是將漁夫、縴夫、乞丐等底層人物攝入筆下，這是一個巨大的突破。羅聘善於畫鬼，並且以鬼喻人，諷刺社會。有學者總結道：「他們的繪畫不像當時的某些文人畫家那樣，一味的沖淡、恬靜，或作筆墨遊戲，而是往往充滿著人間煙火味，把自己憤世嫉俗的沉鬱之氣、喜怒哀樂的人間之情，都借紙筆加以發洩。」〔註55〕這種與社會現實生活聯繫較為密切的繪畫，對關注現實的魯迅是有吸引力的。

〔註53〕鄭朝，藍鐵：《中國畫的藝術與技巧》，中國青年出版社 2005 年版，第 148 頁。

〔註54〕參見龔明玉：《論石濤與揚州八怪》，《大眾文藝（理論）》2009 年第 1 期。

〔註55〕鄭朝，藍鐵：《中國畫的藝術與技巧》，中國青年出版社 2005 年版，第 198～199 頁。

　　魯迅對這一時期的人物畫家關注的有杜堇、仇英、陳洪綬、顧洛、費丹旭和改琦等，其中尤以陳洪綬爲最，前後共購有其 9 部畫冊，並在文章中多次提到他。杜堇的人物畫採用白描手法，仇英最善長以精細的工筆描繪人物，顧洛、費丹旭和改琦是清末最爲流行的仕女畫家。從中可以看出，魯迅仍然延續了以往的審美風格，對於人物畫喜歡工筆白描類型。陳洪綬是明末清初最傑出的人物畫家，將文人畫與民間繪畫成功結合起來，風格奇崛古拙。由於當時市民社會的興起和出版業的發展，他創作了大量的圖書插畫，並參與當時的版畫創作。魯迅晚年曾打算編印《陳老蓮插畫集》，託許壽裳向周子競借其所藏的《博古葉子》，許壽裳評價道：「總之章侯之畫，以人物最工，其筆法之淵靜，氣局之高曠，軀幹之偉岸，衣紋之圓勁，識者謂三百年無此筆墨。魯迅特別愛好，所以願爲印插圖集」。〔註56〕

近代文人畫家

　　魯迅關注的明清文人畫家，與社會的聯繫較爲緊密，有很多都是賣畫爲生。這使得他們的繪畫具有民間的鮮活氣息。進入近代以來，由於出版業的發達，要求畫家不能再像以前的文人畫家那樣沉浸在自我的世界裏淺吟低唱，而要表現出社會的眞實狀況來。吳友如即是在這樣的時代環境下成長起來的畫家。他於 1884 年《點石齋畫報》創刊以來，就擔任主筆，創作了大量繪畫。這種繪畫與時事緊密結合，「以事件爲畫題、以人物爲中心、以線畫爲特色」，〔註57〕追求寫實的效果，是對傳統文人畫的突破。爲吸引讀者，畫報還刊載大量的風俗畫，並對當時出現的如商船、戰艦、西裝、槍炮等新生事物進行描繪。魯迅在幼年時就看過包含吳友如大量繪畫的《點石齋叢畫》，從中學習到不少知識。他評價道 ：「吳友如畫的最細巧，也最能引動人。但他於歷史畫其實是不大相宜的；他久居上海的租界裏，耳濡目染，最擅長的倒在作『惡鴇虐妓』，『流氓拆梢』一類的時事畫，那眞是勃勃有生氣，令人在紙上看出上海的洋場來。」〔註58〕對於源於生活且能反映生活的畫作，魯迅持肯定的一面。但他也指出了其缺點，「學吳友如的危險，是在只取了他的油

〔註56〕許壽裳：《亡友魯迅印象記·許壽裳回憶魯迅全編》，上海文化出版社 2006 年版，第 211 頁。

〔註57〕李允經：《魯迅與中外美術》，陝西人民出版社 1992 年版，第 263 頁。

〔註58〕魯迅：《朝花夕拾·後記》，《魯迅全集》第二卷，人民文學出版社 2005 年版，第 338 頁。

滑，他印《畫報》，每月大約要畫四五十張，都是用藥水畫在特種的紙張上，直接上石的，不用照相。因爲多畫，所以後來就油滑了」。〔註59〕對於這種由商業化帶來的粗製濫造，魯迅持批評態度。吳友如雖然畫洋場上的事活靈活現，「但對於外國事情，他很不明白，例如畫戰艦罷，是一隻商船，而艙面上擺著野戰炮；畫決鬥則兩個穿禮服的軍人在客廳裏拔長刀相擊，至於將花瓶也打落跌碎。」〔註60〕這是由於畫報的需求量大，而畫家全憑自己的想像作畫的結果。即使吳友如熟悉的洋場題材，「影響殊不佳，近來許多小說和兒童讀物的插畫中，往往將一切女性畫成妓女樣，一切孩童都畫得像一個小流氓，大半就因爲太看了他的畫本的緣故。」〔註61〕塑造流氓妓女的能手，無論如何也不能給人精神上造成積極的影響。繪畫要結合現實，但也需對其加以提煉，將畫家高尚的人格融化進去。魯迅對吳友如此類畫家是批評大於肯定的。

　　陳師曾無疑是與魯迅關係最爲密切的畫家。這位近代最重要的文人畫家，1899 年在南京江南陸師學堂附設礦路學堂與魯迅相識，1902 年，同船赴日留學，在弘文學院期間，二人同在一個宿舍居住，後又在教育部成爲同事，一起逛書店、辦展覽、互贈書畫碑帖，有過二十多年的交往。魯迅曾在與徐梵澄的談話中評價陳師曾的畫「是好的」。〔註62〕陳師曾生前多次贈畫給魯迅，魯迅在其死後陸續購齊總計 12 冊的《陳師曾先生遺墨》。後來，在與鄭振鐸編印的《北平箋譜》中，收入陳師曾的多幅畫箋，並在序言中寫道：「及中華民國立，義寧陳君師曾入北京，初爲攜銅者作墨合，鎮紙畫稿，俾其雕鏤；既成拓墨，雅趣盎然。不久復廓其技於箋紙，才華蓬勃，筆簡意饒，且又顧及刻工，省其奏刀之困，而詩箋乃開一新境。」〔註63〕在出版《朝花夕拾》時，他寫信給李霽野，「書面我想不再請人畫。琉璃廠淳菁閣（？）似乎有陳師曾畫的信箋，望便中給我買幾張（要花樣不同的）寄來。我想選一張，

〔註59〕魯迅：《書信·340409　致魏猛克》，《魯迅全集》第十三卷，人民文學出版社 2005 年版，第 70 頁。

〔註60〕魯迅：《二心集·上海文藝之一瞥》，《魯迅全集》第四卷，人民文學出版社 2005 年版，第 299 頁。

〔註61〕魯迅：《朝花夕拾·後記》，《魯迅全集》第二卷，人民文學出版社 2005 年版，第 338 頁。

〔註62〕徐梵澄：《星花舊影》，《徐梵澄文集》第四卷，上海三聯書店 2005 年版，第 382 頁。

〔註63〕魯迅：《集外集拾遺·〈北平箋譜〉序》，《魯迅全集》第七卷，人民文學出版社 2005 年版，第 427～428 頁。

自己寫一個書名，就作為書面。」〔註64〕由此可見，魯迅對陳師曾的繪畫成就是充分認可的。這源於二人對繪畫的本質和功能理解上的一致，以及在題材和風格方面愛好的相似。如前文所述，他們認為繪畫的本質是畫家思想人格的外化，而功能是以此感人。在題材上，陳師曾山水、花鳥、人物無所不精，更難能可貴的是，他突破傳統文人畫的偏見，創作了很多以市井人物為主題的繪畫，出版有《北京風俗圖冊》。不同於吳友如，陳師曾不僅以市井民俗作為題材，更將自己的人文關懷融入進去，表達著對底層民眾的同情，對腐朽醜陋社會現實的諷刺。他的這種人物風俗畫，「大都以簡筆出現，寥寥數筆，既形神兼備，又餘味無窮，近似後來形成的漫畫。」〔註65〕這種筆法同樣應用到其他題材的繪畫上，如大寫意的花鳥畫和用寫生法創作的庭園小景，都是「運用簡練的筆墨，融會傳統藝術的特點，以現實主義的方法，創作出『形神兼備』的作品」。〔註66〕這是他既懂得現代科學知識，又廣泛學習傳統，在繪畫之前精心設計的結果。不同於前代文人的筆墨遊戲，也不同於海派的寫實，有學者認為，陳師曾「畫中延續了『海派』的大氣豪邁，但卻沒有『海派』的世俗氣息，反而，充溢其作品之中的是溫文爾雅的書卷氣。這在文人畫停止不前的清末民初時期的中國畫壇是極為難得的。」〔註67〕魯迅對於這種在寫實基礎上的寫意，是非常欣賞的，也深諳此類創作的不易。在後來為青年人介紹比利時木刻家麥綏萊勒時，他說：「因其刀法簡略，而黑白分明，非基礎極好者，不能到此境界」。〔註68〕實際上，魯迅在進行文學創作時也用極簡練的筆觸，將人物的形神活靈活現地展現在讀者面前。

　　魯迅和陳師曾，一位被稱為激烈反傳統的猛將，一位被視作文化保守主義的代表，但在對繪畫的理解上卻有很多相似之處，並且終生保持友誼，或許只能說明這些標籤只是揪住了他們身上的某一點進行放大，而忽略了目光

〔註64〕魯迅：《書信・280131　致李霽野》，《魯迅全集》第十二卷，人民文學出版社2005年版，第101頁。

〔註65〕李運亨：《陳師曾的繪畫藝術與研究》，李運亨、張聖潔、閆立君編注《陳師曾畫論》，中國書店2008年版，第250頁。

〔註66〕李運亨：《陳師曾的繪畫藝術與研究》，李運亨、張聖潔、閆立君編注《陳師曾畫論》，中國書店2008年版，第258頁。

〔註67〕蘇金成、胡媛媛：《在中西衝突與藝術革新時的守護》，《書畫世界》2011年第2期。

〔註68〕魯迅：《書信・340405　致張慧》，《魯迅全集》第十三卷，人民文學出版社2005年版，第62～63頁。

之外的空間。魯迅雖然對傳統中虛僞的禮教和繁難的文字持激烈的批評態度，但他也強調新的文明需要在既有文明的基礎上發展，在談到文明和藝術的發展規律時，他說：「文明無不根舊迹而演來」〔註69〕，「新的藝術，沒有一種是無根無蒂，突然發生的，總承受著先前的遺產」〔註70〕；在談到木刻時，他說：「我們有藝術史，而且生在中國，即必須翻開中國的藝術史來」〔註71〕，「採用外國的良規，加以發揮，使我們的作品更加豐滿是一條路；擇取中國的遺產，融合新機，使將來的作品別開生面也是一條路」〔註72〕。陳師曾極力維護中國傳統文人畫的價值，但他青年時即出國留學，在日主修博物學，對現代自然科學的學習對以後的繪畫影響深遠。在東京，與李叔同的交往，使他對西方藝術產生濃烈興趣，並且嘗試畫過油畫。「師曾先生提倡畫家走出畫室，以現實生活爲對象，吸取西洋畫的科學因素，創造出自己的風格。」〔註73〕這都不是用保守主義所能概括的。

由此可見，對於最具中國特色的文人畫，魯迅不僅有深厚的興趣，而且也有著自己偏愛的審美類型。就題材而言，他比較關注人物畫，其次是花鳥畫，最後才是山水畫；依風格而論，他喜歡那些拒絕因襲傳統，大膽創新的畫家。魯迅看重畫家以線描進行造型的基本能力，對那米點山水一類的寫意持拒絕態度。他並非不喜愛寫意畫，而是深知此類以極簡筆墨傳神達意的作品，需要畫傢具備紮實的寫實能力，才可以達到形神兼備的境地，否則，往往徒具花哨的形式，而無實際的內容，也不能於人發生感動，流於筆墨遊戲。對那些有著堅實的生活基礎、濃烈的思想情懷和高超的繪畫技巧的文人畫家，如石濤、陳洪綬和陳師曾等，魯迅極度喜愛他們的作品，不僅自己欣賞，還想盡辦法將它們印刷出版，以圖對社會發生積極的影響。魯迅自己的文學創作可能也受到這些繪畫的影響，不僅描畫出中國大地上底層民眾和知識分

〔註69〕魯迅：《墳·文化偏至論》，《魯迅全集》第一卷，人民文學出版社 2005 年版，第 50 頁。

〔註70〕魯迅：《書信·340409》，《魯迅全集》第十三卷，人民文學出版社 2005 年版，第 70 頁。

〔註71〕魯迅：《且介亭雜文·論「舊形式的採用」》，《魯迅全集》第六卷，人民文學出版社 2005 年版，第 24 頁。

〔註72〕魯迅：《且介亭雜文·〈木刻紀程〉小引》，《魯迅全集》第六卷，人民文學出版社 2005 年版，第 50 頁。

〔註73〕李運亨：《陳師曾先生的藝術生平》，李運亨、張聖潔、閏立君編注《陳師曾畫論》，中國書店 2008 年版，第 246 頁。

子的外形，而且深刻地鑄煉出他們內心深處被封建禮教所淹製的靈魂來。有學者認為，魯迅文學創作中有著表現主義色彩，並將此與西方美術中的蒙克、梵高、塞尚等聯繫起來，而對於文人畫家的影響絕口不提。如前文所述，目前並無充足的材料證明，魯迅在從事文學創作之前對他們有過切實的接觸，至多不過是知道他們而已，大量購買他們的畫冊都在定居上海以後，影響又從何談起。現在有學者出版專著，探討石濤與塞尚在藝術上的相似之處。〔註74〕也有學者指出，陳洪綬對日本浮世繪進而對西方現代美術都發生著影響。〔註75〕中國作家作品裏的表現主義特徵，不一定就非要受了西方表現主義藝術的影響，才可以完成。相反的是，他們根據自己的生活感受，在本民族的藝術傳統中擷英啜華，創作出了優秀的作品。

第三節　文人畫對魯迅文學創作的影響

對文人畫的喜愛，長期的觀賞把玩，魯迅的文學創作可能會受其影響。他作品中的景物描寫和人物形象塑造與文人畫中的相關元素存在著相似之處。

魯迅對景物素來沒有太多的興趣，他更關注和人有關的活動。比如他覺著所謂的「雷峰夕照」，「破破爛爛的映掩於湖光山色之間」，「並不見佳」，〔註76〕希望其倒掉，原因是它壓住了傳說中的白蛇娘娘。東京爛漫的櫻花，認為也無非那樣，感興趣的倒是明遺民朱舜水先生客死的地方水戶。對於杭州這樣的地方，他向來沒有好感。據許欽文回憶，魯迅在杭州教書一年，只是因為許壽裳宴請的關係去過一次，但認為景色平平。〔註77〕1928年，魯迅應章廷謙之邀來杭州遊玩了四日，但「以為杭州的市容，學上海洋場的樣子，總顯得小家小氣，氣派不大。至於西湖風景，雖然宜人，有吃的地方，也有

〔註74〕參見李鎮：《中西繪畫「體異性通」論：石濤與塞尚藝術比較研究》，清華大學出版社2011年版。

〔註75〕參見劉蘭芝：《陳洪綬對西方現代繪畫藝術的影響》，《滄桑》2010年第2期；湯亮：《陳洪綬對日本浮世繪的影響》，《中國書畫》2010年第12期；趙成民：《陳洪綬的藝術及對日本浮世繪的影響》，《中國書畫》2005年第5期。

〔註76〕魯迅：《墳·論雷鋒塔的倒掉》，《魯迅全集》第一卷，人民文學出版社2005年版，第179頁。

〔註77〕參見欽文：《魯迅在杭州》，山東師範學院聊城分院中文系圖書館編《魯迅在杭州》，山東師院聊城分院1979年版，第3～4頁。

玩的地方，如果流連忘返，湖光山色，也會消磨人的志氣的。」〔註78〕魯迅還曾於1933年寫詩《阻郁達夫移家杭州》，認爲杭州的青山秀水會使人安逸，希望郁達夫呆在時代風潮激蕩的地方，保持自身的活力。對於風景，他認爲「北方風景，是偉大的」。〔註79〕魯迅喜歡「站在沙漠上，看看飛沙走石，樂則大笑，悲則大叫，憤則大罵，即使被沙礫打得遍身粗糙，頭破血流，而時時撫摩自己的凝血，覺得若有花紋」。〔註80〕可見，魯迅所喜歡的景物，不再是純粹自然意義上的景物，而是和他的思想氣質緊密聯繫在一起的。他喜歡那些能夠使靈魂精神更緊密地貼近大地，具有抗爭氣質的景物。在《雪》這篇散文詩裏，魯迅比較了南方和北方的雪。南方的雪「滋潤美豔」，可以給人以甜蜜的想像，但卻經不起晴天和寒夜的考驗，很快便破滅了；北方的雪則升騰旋舞，在曠野和天宇下，展現著無窮的生命力。因此，魯迅筆下的自然景物描寫，在很大程度上，是自己思想人格的外化，帶有寫意的性質，有學者稱其爲「背景寫意」。〔註81〕這和文人畫家筆下的山水是一致的。

魯迅在談起自己做小說的經驗時表示，因爲希望自己的小說起到療救病苦的作用，所以在行文中只求達意，不要背景，不去描寫風月。〔註82〕魯迅很少直接將景物設置成背景，但創作中對此仍有描寫。大致可分爲三個類型，一是和人物描寫結合起來，幫助表現人物的內心活動；二是形成一個總體的意象，是某種抽象觀念的具體化；三是具有獨立人格特徵的景物。

在用景物來襯托表現人物的類型中，魯迅對於這類人物的選擇頗耐人尋味，在他筆下的農民和知識分子兩大人物系列裏，他側重後者，並且多是其中的落魄者。這和傳統文人畫的題材的選擇有著內在的聯繫。比如描寫落榜後回家獨坐的陳士成：

〔註78〕 川島：《憶魯迅先生一九二八年杭州之遊》，山東師範學院聊城分院中文系圖書館編《魯迅在杭州》，第76頁。

〔註79〕 魯迅：《書信·300327 致章廷謙》，《魯迅全集》第十二卷，人民文學出版社2005年版，第227頁。

〔註80〕 魯迅：《華蓋集·題記》，《魯迅全集》第三卷，人民文學出版社2005年版，第4頁。

〔註81〕 參見施軍：《借鑒 融合 創新——魯迅小說創作中對戲劇手法的運用》，《魯迅研究月刊》1995年第1期。

〔註82〕 參見魯迅：《南腔北調集·我怎麽做起小說來》，《魯迅全集》第四卷，人民文學出版社2005年版，第525～528頁。

> 空中青碧到如一片海，略有些浮雲，彷彿有誰將粉筆洗在筆洗
> 裏似的搖曳。月亮對著陳士成注下寒冷的光波來，當初也不過像是
> 一面新磨的鐵鏡罷了，而這鏡卻詭秘的照透了陳士成的全身，就在
> 他身上映出鐵的月亮的影。(《白光》)

這裡的月光的淒冷詭秘而又陰森恐怖，恰將陳士成絕望愁苦的心境表現出
來。又如《在酒樓上》的描寫，「我」和呂緯甫都是人群中的多餘者，「我」
回到舊地，倍感無聊，從住的旅館看出去，「窗外只有漬痕斑駁的牆壁，帖著
枯死的莓苔；上面是鉛色的天，白皚皚的絕無精彩，而且微雪又飛舞起來了。」
「我」頹唐灰色的心情借助這段描寫得到了完整的表達。但當「我」到了酒
樓上，揀了最好的位置，眺望廢園，卻寫道：

> 幾株老梅竟鬥雪開著滿樹的繁花，彷彿毫不以深冬為意；倒塌
> 的亭子邊還有一株山茶樹，從暗綠的密葉裏顯出十幾朵紅花來，赫
> 赫的在雪中明得如火，憤怒而且傲慢，如蔑視遊人的甘心於遠行。
>
> (《在酒樓上》)

這顯示著落魄的「我」內心仍有對現實不屈的抗爭信念和倔強的堅守。在對
再次相遇的呂緯甫頹唐衰瘦的相貌進行一番描寫後，緊接著寫道：「但當他緩
緩的四顧的時候，卻對廢園忽地閃出我在學校時代常常看見的射人的光來。」
這說明他也像「我」一樣，失落中仍有堅持。又如在《孤獨者》裏，當「我」
在山陽縣裏被紳士們排擠和攻擊，一個人呆在屋裏，就寫道：

> 下了一天雪，到夜還沒有止，屋外一切靜極，靜到要聽出靜的
> 聲音來。我在小小的燈火光中，閉目枯坐，如見雪花片片飄墜，來
> 增補這一望無際的雪堆。(《孤獨者》)

漫天的大雪將一切遮蓋，萬物靜寂。此時的「我」卻只有一盞小小的燈光相
伴，如此的情境設置，與中國的古典詩詞的意境相通，也與中國的文人畫相
通，形象地描寫出「我」達於極致的孤獨來。

上述的景物襯托的都是失意人的孤獨，裏面有對現實的絕望，也有對內
心情操無望的堅守。用景物來襯托落魄人物的失意，借景物抒發文人的寂寞
情懷，是文人畫的一貫技法。山水畫的創作，文人們總是喜歡在畫作的某一
處畫一個小亭或茅屋，或是一個人物，雖然小到不仔細尋覓幾乎忽略的地步，
但總是寄託情懷的所在。魯迅文學作品裏的此類景物描寫，在對表現人物的
選擇和功能上，都與文人畫的創作有著相似之處。

　　第二種類型裏的風景，是作者的回憶或夢想的載體。如《社戲》裏在航船上對兩岸風景的描寫：

> 兩岸的豆麥和河底的水草所發散出來的清香，夾雜在水氣中撲面的吹來；月色便朦朧在這水氣裏。淡黑的起伏的連山，彷彿是踴躍的鐵的獸脊似的，都遠遠地向船尾跑去了。(《社戲》)

作者在文章最後感慨，「一直到現在，我實在再沒有吃到那夜似的好豆，——也不再看到那夜似的好戲了。」再也沒有遇到的，恐怕應該還有那夜的風景，因為那裡承載了童年無憂無慮的自在狀態。對快樂童年的美好回憶還有：

> 不必說碧綠的菜畦，光滑的石井欄，高大的皂莢樹，紫紅的桑椹；也不必說鳴蟬在樹葉里長吟，肥胖的黃蜂伏在菜花上，輕捷的叫天子（雲雀）忽然從草間直竄向雲霄裏去了。單是周圍的短短的泥牆根一帶，就有無限趣味。油蛉在這裡低唱，蟋蟀們在這裡彈琴。
> (《從百草園到三味書屋》)

不僅如此，而且在談到美好的夢時，魯迅也用一段風景描寫來表達：

> 我彷彿記得曾坐小船經過山陰道，兩岸邊的烏桕，新禾，野花，雞，狗，叢樹和枯樹，茅屋，塔，伽藍，農夫和村婦，村女，曬著的衣裳，和尚，蓑笠，天，雲，竹，……都倒影在澄碧的小河中，隨著每一打槳，各各夾帶了閃爍的日光，並水裏的萍藻遊魚，一同蕩漾。諸影諸物，無不解散，而且搖動，擴大，互相融和；剛一融合，卻又退縮，復近於原形。邊緣都參差如夏雲頭，鑲著日光，發出水銀色焰。
>
> ……
>
> 河邊枯柳樹下的幾株瘦削的一丈紅，該是村女種的罷。大紅花和斑紅花，都在水裏面浮動，忽而碎散，拉長了，如縷縷的胭脂水，然而沒有暈。茅屋，狗，塔，村女，雲，……也都浮動著。大紅花一朵朵全被拉長了，這時是潑剌奔迸的紅錦帶。帶織入狗中，狗織入白雲中，白雲織入村女中……。在一瞬間，他們又將退縮了。但斑紅花影也已碎散，伸長，就要織進塔，村女，狗，茅屋，雲裏去。
> (《好的故事》)

魯迅將自己對於未來的嚮往以一個美好的夢進行具體的展現。這裡面的人與自然和諧美妙地融合在一起，呈現出風俗畫的情調。這比他在雜文裏所說的

爲別人所設計的目標，「一要生存，二要溫飽，三要發展」，﹝註83﹞顯得更加的具體和唯美。

對於回憶和夢想這類的較爲抽象的詞彙，在中國的文學裏向來都有以具體的實在景物進行表現的傳統。這可能跟中國人不善於進行抽象的邏輯思維有關係。傳統文人有在自己接待客人的正廳裏和自己的書房裏懸掛字畫的習慣，這些畫多是文人畫。這裡面既有展現自己風格品位的需求，也融進了自己對過去的回憶和將來的夢想。魯迅以上的景物描寫與此傳統存在著相通之處。

第三類景物描寫，是最具魯迅特色的。因爲作者將自己獨特的思想氣質注入筆墨中，使描寫對象成爲具有獨立人格特徵的存在。如後園裏的棗樹，朔方的雪和夾在《雁門集》裏的臘葉等：

> 他簡直落盡葉子，單剩幹子，然而脫了當初滿樹的果實和葉子時候的弧形，欠伸得很舒服。但是，有幾枝還低亞著，護定他從打棗的竿梢所得的皮傷，而最直最長的幾枝，卻已默默地鐵似的直刺著奇怪而高的天空，使天空閃閃地鬼䀹眼，直刺著天空中圓滿的月亮，使月亮窘得發白。（《秋夜》）

> 別的，在晴天之下，旋風忽來，便蓬勃地奮飛，在日光中燦燦地生光，如包藏火焰的大霧，旋轉而且升騰，彌漫太空，使太空旋轉而且升騰地閃爍。（《雪》）

> 他也並非全樹通紅，最多的是淺絳，有幾片則在緋紅地上，還帶有幾團濃綠。一片獨有一點蛀孔，鑲著烏黑的花邊，在紅、黃和綠的斑駁中，明眸似的向人凝視。（《臘葉》）

棗樹在暗夜裏執著地與天空抗爭，北國的雪渾身凝聚著無窮的活力，病葉身雖殘破但仍有斑斕的美。

由此可見，在魯迅文學創作中所出現的景物描寫，都是在充分重視形似的基礎上，追求神的傳達。就像他在看到李樺寄來的木刻作品時表示，「總覺得《春效小景集》和《羅浮集》最好，恐怕是爲宋元以來的文人的山水畫所涵養的結果罷。」﹝註84﹞誠如斯言，魯迅作品中的景物描寫可能也受到了

﹝註83﹞ 魯迅：《華蓋集・北京通信》，《魯迅全集》第三卷，人民文學出版社 2005 年版，第 54 頁。

﹝註84﹞ 魯迅：《書信・350204　致李樺》，《魯迅全集》第十三卷，人民文學出版社

所喜愛的文人畫的滋養。江弱水認為，魯迅的文字受到了陳師曾繪畫的影響。〔註85〕魯迅摒棄了傳統文人畫家們脫離現實的態度，立足生活，積極參與人生，為傳統的景物描寫開一新境。在其中，有對過去生活的回憶和對未來的嚮往，更多的則是他獨立人格和獨特思想氣質的形象表達。如果說陳師曾在繪畫領域為傳統的文人畫帶來了新變，魯迅則是在文學創作上對傳統的景物描寫進行了革新。

魯迅的文學作品除了景物描寫與文人畫存在著相通之處外，人物塑造也從中吸取了很多具體的方法技巧。他在作品裏塑造人物形象的目的，就是刻畫出老中國兒女們的靈魂。這是他之所以決定棄醫從文的原因，要利用文藝的力量改變國人的精神。在談到果戈理是如何地善於抓住人物的特徵時，他認為「這正如傳神的寫意畫，並不細畫鬚眉，並不寫上名字，不過寥寥幾筆，而神情畢肖，只要見過被畫者的人，一看就知道這是誰」。〔註86〕這也是他所追尋的境界。在具體的技巧上，魯迅看重文人畫傳統中的「畫眼睛」和「白描」，這可以直接從他所關注的顧愷之和李公麟那裡找到源頭。他看重白描，秘訣是「有真意，去粉飾，少做作，勿賣弄」。〔註87〕魯迅還認為，「要極省儉的畫出一個人的特點，最好是畫他的眼睛。我以為這話是極對的，倘若畫了全副的頭髮，即使細得逼真，也毫無意思。」〔註88〕

魯迅在對人物進行外貌描寫時，看重白描，不要過多的環境襯托，也不對人物的外貌進行鉅細無遺的展現，而是抓住最能突現人物特徵的細節進行描寫。這緣於他注重向人物的靈魂深處開掘。在魯迅的筆下，對外貌著墨最多的有兩類人，一是「黑衣人」系列，他們是人群中的異見者；一是社會中的「苦人」。前者身上有魯迅自己的影子，在某種程度上也是啟蒙者的化身，如呂緯甫、魏連殳、過客、黑衣人、禹和墨子等。試看對他們的描寫：

> 細看他相貌，也還是亂蓬蓬的鬚髮；蒼白的長方臉，然而衰瘦了。精神很沉靜，或者卻是頹唐；又濃又黑的眉毛底下的眼睛也失

2005 年版，第 372 頁。
〔註85〕參見江弱水：《朱墨春山：魯迅與陳師曾》，《中國書畫》2005 年第 7 期。
〔註86〕魯迅：《且介亭雜文二集·五論「文人相輕」——明術》，《魯迅全集》第六卷，人民文學出版社 2005 年版，第 394 頁。
〔註87〕魯迅：《南腔北調集·作文秘訣》，《魯迅全集》第四卷，人民文學出版社 2005 年版，第 631 頁。
〔註88〕魯迅：《南腔北調集·我怎麼做起小說來》，《魯迅全集》第四卷，人民文學出版社 2005 年版，第 527 頁。

了精彩。(《在酒樓上》)

　　原來他是一個短小瘦削的人，長方臉，蓬鬆的頭髮和濃黑的鬚眉佔了一臉的小半，只見兩眼在黑氣裏發光。(《孤獨者》)

　　眼光陰沉，黑鬚，亂髮，黑色短衣褲皆破碎，赤足著破鞋，脅下掛一個口袋，支著等身的竹杖。(《過客》)

　　面貌黑瘦。(《理水》)

　　擠進一個黑色的人來，黑鬚黑眼睛，瘦得如鐵。(《鑄劍》)

　　像一個乞丐。三十來歲。高個子，烏黑的臉……(《非攻》)

這些人物具有黑瘦的典型特徵，前三者還描寫到了蓬亂的頭髮，意在表明他們是現實中的落魄者；後三者獨強調黑瘦，塑造了實幹家的形象。這兩組人，魯迅在描述外貌的同時，著重對他們精神氣質的刻畫，追求達到在形似基礎上傳神的效果。

　　社會中的「苦人」，包括孔乙己、楊二嫂、閏土和陳士成等。據孫伏園回憶，魯迅自稱最喜歡的小說是《孔乙己》，「作者的主要用意，是在描寫一般社會對於苦人的涼薄。」「對於苦人是同情，對於社會是不滿，作者本蘊蓄著極豐富的情感。」〔註89〕這類人物也是歷來被認爲是魯迅「衷悲所以哀其不幸、疾視所以怒其不爭」〔註90〕的群眾，但這裡存在著一個群體和個體的差別的問題。具體到文學作品中人物，承擔的功能不同，作者對其的態度也不同。比如作爲中國人國民文化人格的化身進行塑造的阿Q，魯迅在文字裏對他基本上沒有流露出多少同情，更多的是無情的揭露與批判。但對於這類社會中的「苦人」來說，魯迅字裏行間對他們充滿了理解和同情，甚至有幾分悲憫。試看對他們的描寫：

　　孔乙己是站著喝酒而穿長衫的唯一的人。他身材很高大；青白臉色，皺紋間時常夾些傷痕；一部亂蓬蓬的花白的鬍子。穿的雖然是長衫，可是又髒又破，似乎十多年沒有補，也沒有洗。(《孔乙己》)

　　一個凸顴骨，薄嘴唇，五十歲上下的女人站在我面前，兩手搭

〔註89〕孫伏園：《魯迅先生二三事》，魯迅博物館、魯迅研究室、《魯迅研究月刊》選編《魯迅回憶錄：專著》(上冊)，北京出版社1999年版，第84頁。

〔註90〕魯迅：《墳·摩羅詩力說》，《魯迅全集》第一卷，人民文學出版社2005年版，第82頁。

在髀間，沒有繫裙，張著兩隻腳，正像一個畫圖儀器裏細腳伶仃的圓規。(《故鄉》)

　　他身材增加了一倍；先前的紫色的圓臉，已經變作灰黃，而且加上了很深的皺紋；眼睛也像他父親一樣，周圍都腫得通紅，這我知道，在海邊種地的人，終日吹著海風，大抵是這樣的。他頭上是一頂破氈帽，身上只一件極薄的棉衣，渾身瑟索著；手裏提著一個紙包和一支長煙管，那手也不是我所記得的紅活圓實的手，卻又粗又笨而且開裂，像是松樹皮了。(《故鄉》)

　　涼風雖然拂拂的吹動他斑白的短髮，初冬的太陽卻還是很溫和的來曬他。但他似乎被太陽曬得頭暈了，臉色越加變成灰白，從勞乏的紅腫的兩眼裏，發出古怪的閃光。(《白光》)

與「黑衣人」系列相比，「苦人」系列的外貌描寫顯得比較豐富和細緻。這是因為對於前者，魯迅著力表現他們「不和眾囂，獨具我見」〔註91〕的精神氣質；而對於後者，只有對外貌更加細緻的描寫，才可以深入展現他們的生存境遇和生活狀態。孔乙己和陳士成都是科舉制度的犧牲品，生活淒慘，神情怪異。時光的流逝和生活的磨蝕，使昔日項帶銀項圈的少年小英雄閏土變得「辛苦麻木」，使當年「擦著白粉」「終日坐著」的「豆腐西施」變得「辛苦恣睢」。這裡面除了對他們的同情，還有對美好回憶的傷感。如果將魯迅對「黑衣人」系列的外貌描寫稱作注重傳神的寫意人物畫，那麼「苦人」系列則是形態畢顯的工筆人物畫。

　　魯迅在塑造人物時，特別強調對眼睛的描寫。在針對魯迅三部小說集的詞彙統計中，「眼睛」這個詞，出現在了除《一件小事》、《頭髮的故事》、《鴨的喜劇》和《社戲》之外的29篇小說中，共115次。在這些對眼睛的描寫中，有針對個人的，也有針對人群的。前者中有怪眼色中含有「似乎怕我，似乎想害我」趙貴翁；「滿眼凶光」又怕「我」看出「從眼鏡橫邊暗暗看我」的老頭子；「眼光和樣子都很難看」的怪獸海乙那；害怕被別人吃了的有著「疑心極深的眼光」的眾人；「眼睛都望著碟子」想吃茴香豆的孩子；眼色「很像懇求掌櫃，不要再提」的孔乙己；「很像久餓的人見了食物一般，眼裏閃出一種攫取的光」的急忙奔去觀賞殺人的看客；「眼光正像兩把刀，刺得老栓縮小了

〔註91〕魯迅：《集外集拾遺補編·破惡聲論》，《魯迅全集》第八卷，人民文學出版社2005年版，第27頁。

一半」的劊子手;「兩個眼眶,都圍著一圈黑線」的華大媽;紅眼睛牢頭阿義;
「睡眼朦朧」跟著單四嫂子走企圖揩油的藍皮阿五;「眼淚宣告完結了,眼睛
張得很大」的單四嫂子;「滿臉油汗,瞪著眼,準對伊衝過來」的趙七爺;「眼
睛也像他父親一樣,周圍都腫得通紅」的閏土;「睜著大的黑眼睛,癡癡的想」
的宏兒;「白著眼睛講得正起勁」的假洋鬼子;「勞乏的紅腫的兩眼裏,發出
古怪的閃光」的陳士成;「很看不起似的斜瞥了我一眼」的胖紳士;「眼睛窈
陷下去」的祥林嫂;有著「乾枯的小眼睛」的柳媽;「眼睛非常大,睫毛也很
長,眼白又青得如夜的晴天,而且是北方的無風的晴天」的阿順;有著「兩
隻陰淒淒的眼睛」的家庭主婦;「三角形的眼裏也發著可怕的光」的四太太;
「大而且長的眼睛中,略帶些異樣的光閃」的「瘋子」;「兩眼在黑氣裏閃閃
地發光」的魏連殳;「瞪了死魚似的眼睛,從中發出驚疑的光來」的守靈人;
「兩眼裏彌漫著稚氣的好奇的光澤」的子君;充滿了「探索,譏笑,猥褻和
輕蔑的眼光」的窺視者;有著「賽過冰霜的冷眼」的旁人;「忽然兩眼向上一
翻」的七大人;「白著眼睛呆看」女媧的小東西;「圓睜著眼睛」發怒的羿;
勉強喝完薑湯的「眼圈通紅」的伯夷;「黑鬚黑眼睛」的黑衣人;「只要看見
一個大姑娘,不論好醜,就眼睛甜膩膩的」書記等。魯迅以奪造化之筆,成
功地通過描寫人物的眼睛,展現出一個個人物的具體的內在心神。這些眼睛
是幾千年來的文化塑造出來的最形象的物證,集中展現著中國人的病症。

　　除了描寫某一個人的眼睛,魯迅還描寫了眾人的眼睛。例如在阿 Q 被押
赴刑場的途中的喝彩的看客們:

　　　　這回他又看見從來沒有見過的更可怕眼睛了,又鈍又鋒利,不
　　但已經咀嚼了他的話,並且還要咀嚼他皮肉以外的東西,永是不遠
　　不近的跟他走。

　　　　這些眼睛們似乎連成一氣,已經在那裡咬他的靈魂。(《阿 Q 正
傳》)

通過對阿 Q 所感受到的眾人的眼睛的描寫,形象地表達了吃人文化對個人生
命所形成的威壓,並傳達出一種令人毛骨悚然、陰森恐怖的氣氛。再比如,
高爾礎在教室裏往下看時:

　　　　半屋子都是眼睛,還有許多小巧的等邊三角形,三角形中都生
　　著兩個鼻孔,這些連成一氣,宛然是流動而深邃的海,閃爍地汪洋
　　地正沖著他的眼光。(《高老夫子》)

教室裏孩子的眼睛，年輕充滿活力，猶如變幻不定的海洋，有著旺盛的求知的氣息，但這些期待卻對腹內空空的高老夫子構成了巨大的壓力。在高爾礎的眼睛與這些孩子們的眼睛的相對中，一個腐朽空虛的靈魂立刻顯出原形。

文人畫作爲中國繪畫體系中最具代表性的美術作品，是士大夫生存境遇和理想人格的結晶，凝聚著他們對自然的體味和對社會人生的思考。它所體現出來的文人趣味和開創的方法技巧，不僅哺育著現代繪畫，也對魯迅的文學創作產生影響。

結　語

　　魯迅的美術素養對文學創作所產生的影響，是一個不容易說清楚的問題。進行此項研究的困難，不僅在於既需要懂美術，也要懂魯迅，而且還在於二者之間的影響關係，雖然可以確定地說存在，但要想條理清晰地講明白美術對文學到底發生了哪些具體的影響，實在是一件困難的事情。

　　既往的研究成果，閃光之點多是對魯迅感興趣的美術家對這個問題以散論的形式發出的見解。較爲系統的研究，數量不僅很少，而且幾乎都是分析魯迅後期接觸到的美術家與文學創作之間的關係。論著在前人研究成果的基礎上，盡可能的將與魯迅的美術活動相關的材料搜羅齊全。這裡面包括魯迅自己的文字回憶、他親朋好友的回憶，更重要的是，從魯迅的購書記錄和文字中提到的相關美術書籍著手，整理出魯迅喜愛的美術類型。這項工作的價值在於，發現了一個簡單卻被以往研究者忽略的道理：魯迅後期所廣泛接觸到的凡・高、蒙克和凱綏・珂勒惠支等美術家，不可能影響到他前期的文學創作。或許是魯迅後期所從事的版畫活動過於耀眼，當年的木刻青年們後來都成了美術界的重要人物，他們的回憶使得人們的目光被吸引也被固定到了這上面。而對於魯迅在從事版畫活動之前的美術積累討論甚少，一談魯迅與美術的關係，提到的多是版畫，以至於當談到對文學創作的影響時，將魯迅後期才熟悉的美術家當作主角進行分析。由於在魯迅早期的文字記錄中幾乎尋覓不到這些美術家的蹤迹，就大致猜測，他在日本期間一定廣泛接觸過他們。但縱觀魯迅在日本的七年，無論是時間、精力和金錢，都不允許他與這些後來在上海時才大量購買其畫冊的美術家有密切的接觸。更何況魯迅當時的注意力也不在他們身上。周作人、許壽裳、許廣平等人的回憶中絲毫沒有

提及魯迅與他們的接觸。魯迅在自己的文字中，也坦然表達了對他們的不熟悉，最多只是想瞭解，而所謂「想瞭解」，那就是還不瞭解。魯迅後期接觸到的美術家不可能對他前期的文學創作發生影響。

撥開這層迷霧之後，魯迅在從事文學創作之前即廣泛接觸，並且這種愛好一直持續到生命盡頭的生機勃勃的民間美術、關注世俗風情的浮世繪、深沉雄大的漢畫像和氣韻生動的文人畫，便赤條條地裸現在面前。這四種美術類型才是對魯迅文學創作發生影響的美術元素，這四種美術類型才可以談得上對魯迅文學創作產生影響。

魯迅喜愛的民間美術和漢畫像，研究者多有論及，而對於浮世繪所論甚少，文人畫則集中在魯迅對其的批評上。儘管研究者對這四種美術類型的關注程度不同，但都是以研究魯迅的版畫活動作為出發點展開的。魯迅認為民間美術和漢畫像對當時的版畫運動大有幫助，可以採取的優點甚多，並多次在與青年的通信中談及此點。因此，它們得到了較多的關注。而浮世繪和文人畫，在對版畫運動的貢獻上，魯迅要麼沒有提及，要麼認為沒有什麼可值得借鑒的。所以，它們被認定在魯迅的美術視野裏是不受歡迎的。魯迅從事版畫運動，只是他全部美術活動的一部分。從有助於改革現實的直接目的出發，魯迅希望新興木刻以素描為基礎，注重寫實，從而對觀者發生實際的感動。但從個人審美來看，魯迅對浮世繪和文人畫都是非常喜愛的。浮世繪反映著江戶時代的世俗風情和審美時尚，更凝聚著日本民族特有的對自然的親近和對生命的理解，其中所流露出來的「人生苦短，須及時行樂」的官能主義和享樂主義，是其風靡世界的原因所在。魯迅喜愛浮世繪，除了觀風俗，可能更在於賞鑒玩味其所表現出來的對自然的親近、對人本身情慾的肯定和對生命自由的嚮往。

對於最具中國特色的文人畫，魯迅不僅有著深厚的興趣，而且也有自己偏愛的審美類型。就題材而言，他比較關注人物畫，其次是花鳥畫，最後是山水畫；依風格而論，他喜歡那些拒絕因襲傳統，大膽創新的畫家。魯迅看重畫家以線描進行造型的基本能力，對米點山水一類的寫意持拒絕態度。

對魯迅與浮世繪和文人畫基本關係梳理的價值，還在於弄清楚了以往在魯迅的文學作品中，所尋出的來自凡·高、蒙克和珂勒惠支等美術家的影響的原因。真實的發展脈絡是，浮世繪受到了明清版畫的深刻影響，沈南蘋所帶去的兩院畫風也發揮了巨大作用，可以說中國的民間美術和文人畫，是浮

世繪產生的重要助力。浮世繪傳到西方以後，影響了馬奈、莫奈、凡·高、德加、高更、博納爾等畫家的繪畫風格的轉變。魯迅的作品裏，可能確實與這些西方美術家的繪畫作品有著相似的風格，但卻只能是他熟悉的上述四種美術類型發揮的作用，而與西方美術家沒有什麼關係。

民間美術與底層民眾的生活緊密聯繫，反映著民風民俗。它成爲魯迅深入瞭解底層民眾眞實生活的重要渠道，並藉以對中國的國民性進行研究分析。在文學創作中的形象塑造上，他受到了民間美術所習慣採用的「意象造型」的影響。「意象造型」的首要特徵是具有高度的概括性，善於從某一類相似的事物中抽象出它們的共同形式；其次是綜合運用誇張、變形等手法，突出對象的主要特徵，捨去與表現主題無關的其他方面。民間美術以線描作爲最基本的造型手段，主要使用黑白兩色，所形成的造型簡潔、對比強烈的風格，在魯迅的作品裏有著較多的體現。

浮世繪不僅是日本江戶時代世俗風物的紀錄，而且更凝聚著日本民族對於生命和自然的深沉思考。浮世繪中亮麗的色彩不同於以黑白兩色爲主的中國明清版畫，這可能對魯迅在表達內心情感的紅色的形成有某種程度的影響。浮世繪中的美人畫傾向表達女性的不同性格和氣質類型，而由美人畫衍生的春畫，與注重寫實的中國春宮畫非常不同，以極度誇張的手法，側重展現人自身的生命能量，並帶有原始巫術崇拜的色彩，以此表達對人自身生命的肯定和對自由的無限嚮往。這對魯迅以性作爲視角對中國人進行心理和文化人格分析，可能發揮作用。日本民族對自然的親近，使得浮世繪中的風景畫不同於中國的山水畫中的風景多是文人寄寓情懷和理想人格的化身，而更多地帶有自身的生命特徵。浮世繪風景畫中的人與自然不僅是親切的，而且呈現出互動的態勢，這對魯迅在作品中賦予風景以獨立的人格可能產生影響。

漢畫像是和當時流行的喪葬禮俗緊密聯繫在一起的藝術，題材包羅萬象，風格深沉雄大。魯迅可能採取漢畫像中積極壯美的圖景，爲《故事新編》注入了遠古時的原初生氣，而這種墓葬藝術中獰厲驚悚的元素則影響著《野草》的寫作。魯迅作品中的蛇、狼、烏鴉和貓頭鷹等獨特意象，與漢畫像中或獨立存在、或作爲裝飾的四靈等祥瑞之獸，不僅存在著形體上的相似，精神氣質也有共同之處。

文人畫作爲中國繪畫體系中最具代表性的美術作品，是士大夫生存境遇和理想人格的結晶，凝聚著他們對自然的體味和對社會人生的思考。它所體

現出來的文人趣味和開創的方法技巧，可能對魯迅的文學創作產生影響。魯迅作品裏的景物描寫，或是和人物描寫結合起來以襯託人物的內心活動，或是形成一個總的意象，或是具有獨立的人格特徵，用景物來襯托落魄人物的失意，借景物抒發寂寞情懷，是文人畫的一貫技法。魯迅在作品中經常使用的「畫眼睛」和「白描」等創作技巧，可以從他所關注的顧愷之和李公麟那裡找到源頭。

　　論著對上述四種美術類型對魯迅文學作品的影響的分析，是粗疏簡略的，甚至可以說是無力的。這既緣於二者之間影響關係分析的難度，也因為自身美術素養的欠缺。論文的價值可能在於，通過冗長的材料爬梳，將被後期才廣泛接觸到的西方美術家遮蔽的，魯迅在從事文學創作之前就深入接觸的四種美術類型呈現出來，並盡可能地尋繹出魯迅喜愛它們的原因和總結出它們各自的特徵。至於將魯迅作品受到的來自美術的具體影響，全面細緻地分析出來，要留待更深一步的研究。

參考文獻

文本類

B

1. 北京魯迅博物館、上海魯迅紀念館編《魯迅藏漢畫像・一》，上海人民美術出版社 1986 年版。
2. 北京魯迅博物館、上海魯迅紀念館編《魯迅藏漢畫像・二》，上海人民美術出版社 1991 年版。
3. 北京魯迅博物館編《魯迅藏外國版畫百圖》，北京圖書館出版社 2011 年版。

F

1. 馮英編著《魯迅著譯影記》，大象出版社 2011 年版。

L

1. 魯迅：《魯迅全集》，人民文學出版社 2005 年版。
2. 劉運峰編著《魯迅書衣百影》，人民文學出版社 2007 年版。

S

1. 上海魯迅紀念館、江蘇古籍出版社編《版畫紀程——魯迅藏中國現代木刻全集》（1～5 卷），江蘇古籍出版社 1991 年版。
2. 上海人民美術出版社編輯《魯迅編印畫集輯存》（1～4 卷），上海人民美術出版社 1981～1982 年版。

W

1. 王錫榮選編《畫者魯迅》，上海文化出版社 2006 年版。
2. 王錫榮選編《藏家魯迅》，上海文化出版社 2009 年版。

3. 王錫榮編纂《魯迅的藝術世界》，江蘇文藝出版社 2009 年版。

理論著作類

中文類

B

1. 北京魯迅博物館編《魯迅手迹和藏書目錄》，北京魯迅博物館 1959 年版。
2. 北京魯迅博物館魯迅研究室編《魯迅藏書研究：魯迅研究資料增刊》，中國文聯出版公司 1991 年版。

C

1. 陳傳席：《陳洪綬》，河北教育出版社 2003 年版。
2. 陳丹青：《笑談大先生：七講魯迅》，廣西師範大學出版社 2011 年版。
3. 陳方競：《魯迅與浙東文化》，吉林大學出版社 1998 年版。
4. 遲軻編著《西方美術史話》，中國青年出版社 2004 年版。
5. 陳明遠：《魯迅時代何以爲生》，陝西人民出版社 2011 年版。
6. 陳漱渝主編《世紀之交的文化選擇——魯迅藏書研究》，湖南文藝出版社 1995 年版。
7. 陳師曾：《中國繪畫史》，中華書局 2010 年版。
8. 陳煙橋：《魯迅與木刻》，開明書店 1949 年版。
9. 陳振濂：《維新：近代日本藝術觀念的變遷》，浙江古籍出版社 2006 年版。

F

1. 馮光廉、劉增人、譚桂林主編《多維視野中的魯迅》，山東教育出版社 2001 年版。

G

1. 高雲龍：《浮世繪藝術與明清版畫的淵源研究》，人民出版社 2011 年版。
2. 宮竹正：《浮世繪的故事》，陝西師範大學出版社 2005 年版。

H

1. 胡健：《朽者不朽：論陳師曾與清末民初畫壇的文化保守主義》，北京大學出版社 2012 年版。
2. 顧琅川：《周氏兄弟與浙東文化》，人民出版社 2008 年版。
3. 黃蒙田：《魯迅與美術》，大光出版社 1973 年版。
4. 黑崎彰、張珂、杜松儒：《世界版畫史》，人民美術出版社 2004 年版。

5. 黃亦西編著《凡‧高關鍵詞》，湖南美術出版社 2010 年版。

J

1. 金綱編著《魯迅讀過的書》，中國書店 2011 年版。
2. 靳新來：《「人」與「獸」的糾葛：魯迅筆下的動物意象》，上海三聯書店 2010 年版。
3. 蔣英炬、楊愛國：《漢代畫像石與畫像磚》，文物出版社 2001 年版。
4. 靳之林：《中國民間美術》，五洲傳播出版社 2010 年版。

L

1. 李倍雷：《西方美術史》，重慶大學出版社 2010 年版。
2. 李何林主編《魯迅年譜》（增訂版），人民文學出版社 2000 年版。
3. 李茂增：《宋元明清的版畫藝術》，大象出版社 1999 年版。
4. 李歐梵：《鐵屋中的吶喊》，嶽麓書社 1999 年版。
5. 李松：《中國美術》，中國人民大學出版社 2004 年版。
6. 李偉銘：《圖象與歷史：20 世紀中國美術論稿》，中國人民大學出版社 2005 年版。
7. 李運亨、張聖潔、閆立君編注《陳師曾畫論》，中國書店 2008 年版。
8. 李允經：《魯迅與中外美術》，陝西人民出版社 1992 年版。
9. 李允經：《魯迅藏畫欣賞》，西北大學出版社 1999 年版。
10. 李允經：《魯迅與中外美術》，書海出版社 2005 年版。
11. 李鎮：《中西繪畫「體異性通」論：石濤與塞尚藝術比較研究》，清華大學出版社 2011 年版。
12. 李鑄晉、萬青力：《中國現代繪畫史‧民國之部》，文匯出版社 2003 年版。
13. 李鑄晉、萬青力：《中國現代繪畫史‧晚清之部》，文匯出版社 2003 年版。
14. 呂澎：《20 世紀中國藝術史》，北京大學出版社 2007 年版。
15. 郎紹君、水天中編《二十世紀中國美術文選》，上海書畫出版社 1999 年版。
16. 劉曉路：《日本美術史綱》，上海古籍出版社 2003 年版。
17. 劉曉路：《日本美術史話》，人民美術出版社 2004 年版。
18. 劉中玉：《混同與重構：元代文人畫學研究》，人民出版社 2012 年版。
19. 魯迅博物館魯迅研究室編《魯迅誕辰百年紀念集》，湖南人民出版社 1981 年版。
20. 魯迅博物館、魯迅研究室、《魯迅研究月刊》選編《魯迅回憶錄》，北京出版社 1999 年版。

P

1. 潘力：《浮世繪》，河北教育出版社 2007 年版。

2. 彭吉象主編《中國藝術學》，北京大學出版社 2007 年版。

3. 彭修銀：《日本近現代繪畫史》，世界知識出版社 2010 年版。

Q

1. 戚印平：《圖式與趣味：日本繪畫史》，中國美術學院出版社 2002 年版。

2. 邱崇丙：《民國時期圖書出版調查》，中國書籍出版社 1994 年版。

R

1. 人民美術出版社編《學習魯迅的美術思想》，人民美術出版社 1979 年版。

2. 人民美術出版社編輯《回憶魯迅的美術活動》，人民美術出版社 1979 年版。

3. 人民美術出版社編輯《回憶魯迅的美術活動：續編》，人民美術出版社 1981 年版。

S

1. 山東師範學院聊城分院中文系圖書館編《魯迅在日本》，山東師範學院聊城分院 1978 年版。

2. 山東師範學院聊城分院中文系圖書館編《魯迅在杭州》，山東師範學院聊城分院 1979 年版。

3. 史玲編著《日本藝術》，河北教育出版社 2003 年版。

4. 史仲文主編《中國藝術史》，河北人民出版社 2006 年版。

5. 壽永明、裘士雄主編《魯迅與社戲》，江西人民出版社 2005 年版。

6. 孫瑛：《魯迅在教育部》，天津人民出版社 1979 年版。

7. 孫郁：《魯迅書影錄》，東方出版社 2004 年版。

8. 孫郁：《魯迅藏畫錄》，花城出版社 2008 年版。

T

1. 譚紅麗、唐家路：《年畫》，中國社會出版社 2010 年版。

2. 田剛：《魯迅與中國士人傳統》，中國社會科學出版社 2005 年版。

W

1. 萬新華：《元代四大家：文人畫的重要里程碑》，遼寧美術出版社 2003 年版。

2. 王彬彬：《魯迅：晚年情懷》，上海教育出版社 1999 年版。

3. 王伯敏:《中國繪畫通史》,生活・讀書・新知三聯書店 2001 年版。

4. 王觀泉:《魯迅與美術》,上海人民美術出版社 1979 年版。

5. 王觀泉編《魯迅美術繫年》,人民美術出版社 1979 年版。

6. 王海霞:《透視:中國民俗文化中的民間藝術》,太白文藝出版社 2006 年版。

7. 王建輝:《出版與近代文明》,河南大學出版社 2006 年版。

8. 王樹村:《中國民間美術史》,嶺南美術出版社 2004 年版。

9. 王樹村、劉瑩:《中國門神畫》,天津人民出版社 2009 年版。

10. 王曉初:《魯迅:從越文化視野透視》,北京大學出版社 2012 年版。

11. 王心棋編著《魯迅美術年譜》,嶺南美術出版社 1986 年版。

12. 王元忠:《魯迅的寫作與民俗文化》,中國社會科學出版社 2010 年版。

13. 吳俊:《暗夜裏的過客:一個你所不知道的魯迅》,東方出版中心 2006 年版。

14. 吳俊:《魯迅評傳》,百花洲文藝出版社 2010 年版。

15. 吳子敏等編《魯迅論文學與藝術》,人民文學出版社 1980 年版。

X

1. 蕭振鳴:《魯迅美術年譜》,國家圖書館出版社 2010 年版。

2. 信立祥:《漢代畫像石綜合研究》,文物出版社 2000 年版。

3. 徐乃湘、崔岩峋:《說龍》,紫禁城出版社 1987 年版。

4. 許欽文:《學習魯迅先生》,上海文藝出版社 1959 年版。

5. 許廣平:《許廣平文集》,江蘇文藝出版社 1998 年版。

6. 許壽裳:《亡友魯迅印象記・許壽裳回憶魯迅全編》,上海文化出版社 2006 年版。

7. 徐永斌主編《南陽漢畫像石藝術》,河南大學出版社 2007 年版。

8. 許祖華、余新明、孫淑芳:《魯迅小說的跨藝術研究》,安徽大學出版社 2012 年版。

Y

1. 楊愛國:《走訪漢代畫像石》,三秦出版社 2006 年版。

2. 楊愛國:《幽明兩界:紀年漢代畫像石研究》,陝西人民美術出版社 2006 年版。

3. 楊里昂、彭國梁主編《跟魯迅評圖品畫》(外國卷),嶽麓書社 2003 年版。

4. 楊里昂、彭國梁主編《跟魯迅評圖品畫》(中國卷),嶽麓書社 2004 年版。

5. 葉淑穗、楊燕麗:《從魯迅遺物認識魯迅》,中國人民大學出版社 1999 年

版。

6. 葉渭渠編著《日本繪畫》，上海三聯書店 2005 年版。

Z

1. 張光福編注《魯迅美術論集》，雲南人民出版社 1982 年版。
2. 張卉編著《中國民間美術教程》，重慶大學出版社 2010 年版。
3. 張望編《魯迅論美術》，人民美術出版社 1982 年版。
4. 張彥遠：《歷代名畫記》，俞劍華注釋，上海人民美術出版社 1964 年版。
5. 張道一主編《中國民間美術辭典》，江蘇美術出版社 2001 年版。
6. 鄭朝，藍鐵：《中國畫的藝術與技巧》，中國青年出版社 2005 年版。
7. 鄭振鐸：《中國古代木刻畫史略》，上海書店出版社 2010 年版。
8. 中國社會科學院文學研究所魯迅研究室編《1913～1983 魯迅研究學術論著資料彙編》，中國文聯出版公司 1990 年版。
9. 周振甫注《魯迅詩歌注》，江蘇教育出版社 2006 年版。
10. 周作人：《瓜豆集》，河北教育出版社 2002 年版。
11. 朱存明：《漢畫像的象徵世界》，人民文學出版社 2005 年版。
12. 朱存明：《圖象生存：漢畫像田野考察散記》，廣西人民出版社 2007 年版。
13. 朱存明：《漢畫像之美：漢畫像與中國傳統審美觀念研究》，商務印書館 2011 年版。
14. 左漢中：《中國民間美術造型》，湖南美術出版社 2006 年版。

外文類

G

1. Gian Carlo Calza:Hokusai,Milan:Phaidon Press,2004.
2. 〔日〕關衛：《西方美術東漸史》，熊得山譯，上海書店出版社 2002 年版。

M

1. 〔英〕M·蘇立文：《東西方美術的交流》，陳瑞林譯，江蘇美術出版社 1998 年版。

N

1. 〔日〕內山嘉吉、奈良和夫：《魯迅與木刻》，韓宗琦譯，人民美術出版社 1985 年版。
2. 〔日〕內山完造：《我的朋友魯迅》，何花、徐怡等譯，北京聯合出版公司 2012 年版。

X

1. 〔新加坡〕林萬菁:《論魯迅修辭:從技巧到規律》,萬里書局 1986 年版。

T

1. 〔日〕町田甲一:《日本美術史》,莫邦富譯,上海人民美術出版社 1988 年版。

期刊論文類

C

1. 蔡顯良:《融冶篆隸於一爐 聽任心腕之交應》,《榮寶齋》2008 年第 6 期。
2. 陳琦:《〈現代版畫〉與「現代版畫」》,中央美術學院 2009 年碩士論文。
3. 陳煙橋:《一生熱愛美術的魯迅先生》,《萌芽》1956 年第 8 期。
4. 崔雲偉:《魯迅與西方表現主義美術》,山東師範大學 2006 年博士論文。

D

1. 戴曉云:《魯迅藏漢畫像中伏羲女媧形象釋讀》,《魯迅研究月刊》2009 年第 1 期。
2. 董蕊:《論李公麟與宋代人物畫》,《陝西師範大學學報》(哲學社會科學版) 2009 年第 1 期。

G

1. 龔產興:《吳友如簡論》,《美術研究》1990 年第 3 期。
2. 顧曉梅:《彷彿是木刻似的——魯迅小說藝術形象的造型特色及其成因》,《山東師大學報》(社會科學版) 1999 年第 4 期。

H

1. 胡兆鏵:《魯迅手繪「貓頭鷹」圖析》,《寧夏社會科學》2000 年第 3 期。
2. 胡兆鏵:《魯迅筆下的「蛇」及其他》,《江西社會科學》2002 年第 1 期。

J

1. 江弱水:《論〈野草〉的視覺藝術及其淵源》,《浙江學刊》2002 年第 6 期。
2. 江弱水:《朱墨春山:魯迅與陳師曾》,《中國書畫》2005 年第 7 期。
3. 江小蕙:《從魯迅藏書看魯迅——魯迅與日本浮世繪》,《魯迅研究月刊》1988 年第 3 期。
4. 江小蕙:《從魯迅藏書看魯迅(續)——魯迅與浮世繪》,《魯迅研究月刊》

1988 年第 4 期。

L

1. 李玉昆：《求神似而不徒求形似——談魯迅小說的人物塑造》,《河北師範大學學報》(哲學社會科學版) 1981 年第 4 期。

2. 李允經：《魯迅和南陽漢畫像》,《魯迅研究動態》1985 年第 8 期。

3. 林藍：《線‧代釋——中國美術中線的特徵及其發展》,《美術學報》2005 年第 4 期。

4. 林琳：《線條的力量——從顧愷之到李公麟看人物畫線條的發展脈絡》,《裝飾》2006 年第 2 期。

5. 劉曉路：《蕩搖浮世生萬象》,《世界美術》1993 年第 2 期。

6. 劉豔：《魯迅小說的繪畫效果及其成因探尋》,《文藝理論研究》1993 年第 2 期。

7. 劉再復：《魯迅和繪畫藝術的寫實主義》,《浙江學刊》1981 年第 4 期。

8. 劉智勇：《陳洪綬與明清戲曲插圖版畫研究》,《文藝爭鳴》2011 年第 10 期。

M

1. 毛曉平：《魯迅與民間美術》,《魯迅研究月刊》2000 年第 9 期。

P

1. 潘寶泉、尹成君：《論繪畫精神對魯迅小說的影響和滲透》,《吉林大學社會科學學報》1998 年第 4 期。

S

1. 施軍：《借鑒 融合 創新——魯迅小說創作中對戲劇手法的運用》,《魯迅研究月刊》1995 年第 1 期。

2. 宋志堅：《魯迅與陳洪綬的版畫》,《福建藝術》2010 年第 2 期。

3. 蘇金成、胡媛媛：《在中西衝突與藝術革新時的守護——陳師曾的繪畫創作與藝術思想探析》,《書畫世界》2011 年第 2 期。

4. 孫郁、趙曉生：《魯迅研究的幾個問題》,《渤海大學學報》(哲學社會科學版) 2009 年第 1 期。

5. 孫郁：《魯迅的浙東脾氣》,《學術月刊》2011 年第 11 期。

W

1. 王彬彬：《〈野草〉修辭藝術細說》,《中國現代文學研究叢刊》2010 年第 1 期。

2. 王樹村：《魯迅與年畫的收集和研究》，《美術研究》1982 年第 1 期。

3. 溫肇桐：《初唐的人物畫家閻立本》，《美術》1979 年第 5 期。

X

1. 向紅：《關於魯迅的文學與美術之關係的跨學科研究》，湖南師範大學 2008 年碩士論文。

2. 向思樓：《民間木版年畫的造型美與色彩美》，《重慶大學學報（社會科學版）》2002 年第 4 期。

3. 蕭振鳴：《魯迅與民國書法》，《魯迅研究月刊》2007 年第 7 期。

4. 許祖華：《構築精神世界的另一半——魯迅繪畫活動的精神意義》，《山西大學學報》（哲學社會科學版）2011 年第 2 期。

Y

1. 楊志宇：《魯迅提倡木刻版畫的原因探析》，《文藝爭鳴》2010 年第 8 期。

2. 余望傑、任鶴林：《魯迅、劉峴與朱仙鎮年畫》，《魯迅研究月刊》1990 年第 12 期。

Z

1. 張仃：《魯迅先生作品中的繪畫色彩》，《解放日報》1942 年 10 月 18 日。

2. 張素麗：《魯迅與中國現代美術轉型》，《藝術廣角》2011 年第 1 期。

3. 張望：《魯迅與漢畫像——兼談〈俟堂專文雜集〉的古畫碑》，《美苑》1984 年第 3 期。

4. 張新元：《簡論魯迅與中國戲曲》，《魯迅研究月刊》1991 年第 12 期。

5. 鄭家建：《論〈故事新編〉的繪畫感》，《中國現代文學研究叢刊》2000 年第 1 期。

6. 朱曉進：《魯迅藝術活動的文化目的及其與傳統文學的關係》，《中國社會科學》1990 第 2 期。

附錄：國民革命時期沉浸於「死亡的大歡喜」的《鑄劍》

摘　要

　　國民革命的時代風潮對潛隱在魯迅內心的復仇情結進行著激活，直接影響著《鑄劍》的寫作，而他在那個特殊歷史階段的心態變化和精神歷程也凝聚在小說之中。魯迅將內在的生命觀隱含於一個古老的復仇故事之下，以明白曉暢的形式，表達了內心最爲真實的對於社會和自我的思索。在寫作過程中，於國民革命有貢獻的創作目的漸漸隱退，自己的血肉越來越多地裸現出來。特別是到廣州以後產生的失望，促發著小說從向仇人復仇轉變到向庸眾復仇，向自我復仇，酣暢淋漓地表達了對社會和自我的雙重厭棄，在生命毀滅的大歡喜中尋求存在感，並對未來寄予並不確切的希望。《鑄劍》徹底回到個人本身，通過對個人內心最真實感受的內省和展露，對作者歷經的自辛亥革命以來的各種宏大建構進行著反觀和檢視。

關鍵詞：魯迅；《鑄劍》；《野草》；死亡；國民革命

　　國民革命時期是中國現代史上風雲變幻的大時代。它給了當時國人新的希望，正如胡適所言：「民十五六年之間，全國多數人心的傾向中國國民黨，眞是六七十年來所沒有的新氣象。」〔註1〕魯迅在與許廣平的通信裏也頻繁地談及當時正在轟轟烈烈進行的北伐戰爭，並寄予很高期許。但另一方面，魯迅意識到這所謂的大時代也隱含著危機，並不一定就導向一個光明的未來，「可以由此得生，而也可以由此得死」〔註2〕。於時代而言，這是一個涉及眾多人命運改變的大時代；就魯迅而論，則是人生道路發生改變的轉折點。他要改變過去農奴式的生活，奔向新的未來。正是在這裡，時代風潮和個人命運交匯在了一起。《鑄劍》則是電光火石迸發時刻的石破天驚之作。它蘊含著魯迅內心最深處的生命詩學，表現著對新生和死亡，個人和時代關係的獨特思考。這也是他在《答有恒先生》裏所說的：「好幾個滿肚子惡意的所謂批評家，竭力搜索，都尋不出我的眞症候。所以我這回自己說一點，當然不過一部分，有許多還是隱藏著的。」〔註3〕這隱藏的所在，一爲低沉壓抑的《野草》，一是張揚恣肆的《鑄劍》。

　　寫作於國民革命背景下的《鑄劍》，凝結著那個特殊歷史階段的時代氣息，也間接反映著魯迅在那段時間的心態變化。將《鑄劍》放在國民革命的時代背景下進行考察，具體分析魯迅在這個時段的心路歷程，以及怎樣具體影響到《鑄劍》的寫作，再將這篇作品放到魯迅的整個創作生涯中進行比較，可以較爲清晰地看出其特殊的思想內涵。

一、《鑄劍》創作的時間和地點

　　對《鑄劍》解讀的前提是確定其寫作的時間和地點。學界對此持有爭議，這緣於魯迅在收入《故事新編》集子中所署的「一九二六年十月」和在 1927 年 4 月 3 日的日記裏寫下的「作《眉間赤》訖」〔註4〕之間的衝突。傾向於認爲創作於 1926 年廈門的學者，舉出魯迅在《故事新編》裏補記的時間，《故事新編》的序言和《〈自選集〉自序》，以及俞獲、陳夢韶等當事人的回憶作

〔註1〕 胡適：《慘痛的回憶與反省》，《胡適全集》第 4 卷，合肥：安徽教育出版社 2003 年版，第 494 頁。
〔註2〕 魯迅：《而已集·〈塵影〉題辭》，《魯迅全集》第 3 卷，北京：人民文學出版社 2005 年版，第 571 頁。
〔註3〕 《而已集·答有恒先生》，《魯迅全集》第 3 卷，第 477 頁。
〔註4〕 《日記十六〔一九二七年〕四月》，《魯迅全集》第 16 卷，第 16 頁。

為證據；〔註5〕傾向於認為創作於 1927 年 4 月 3 日的學者，舉出魯迅的日記和許壽裳的回憶作為證據；〔註6〕傾向於認為一二節創作於廈門，三四節創作於廣州的學者，舉出《鑄劍》手稿在一二節的末尾所寫的「未完」字樣，以及前後文本的風格差異作為證據。〔註7〕筆者傾向於後一種說法。所謂孤證不立，前兩種說法都舉出了多種較有說服力的證據，並且都不能以一種說法徹底否定另一種說法，這說明雙方都有一定的合理性。後一種說法不僅有效地解釋了前兩種說法的矛盾，而且也更加契合魯迅當時的內在精神狀態。

《鑄劍》手稿雖然同是寫在印有「未名稿紙」字樣的稿紙，但在第二節的結尾有「未完」兩字，不僅如此，而且寫到了稿紙的邊框之外。如果魯迅繼續進行下面的寫作，這樣的突破不合常理。這表明寫到這裡，是告一段落，或許是過於疲憊，精神不能支持下面的寫作，或是對於下面的寫作內容有猶豫，或是現實的刺激使他不得不中斷寫作，總之，他是暫時停下了。在第三節開頭，魯迅重又寫下題目「眉間尺」，並且再次署上自己的名字「魯迅」。這就清晰地表示，這是開始於另一時間的寫作。如果整篇完成於同一時間，這樣做是沒有必要的。魯迅發表這篇小說時的設計，也證實了這一點。他在給臺靜農的信中明確指出：「可分兩期登」。〔註8〕《鑄劍》的第一二節發表在1927 年 4 月 25 日《莽原》第 2 卷第 8 期，第三四節發表在 5 月 10 日《莽原》第 2 卷第 9 期。縱觀魯迅創作的 33 篇小說，除《阿 Q 正傳》分章發表於北京的《晨報副刊》，《肥皂》分期發表於 1924 年 3 月 27、28 日的《晨報副刊》，《長明燈》連載於 1925 年 3 月 5 日至 8 日的北京《民國日報副刊》外，其餘都沒有分期發表。魯迅將《鑄劍》分期發表可能出於刊物容量的考慮，但也可能有另外的打算。他一再表明，創作是不能停止的，「倘有什麼分心的事情

〔註5〕 參見陳夢韶：《魯迅在廈門》，北京：作家出版社 1954 年版；陳夢韶：《魯迅創作〈鑄劍〉時間考辨》，《破與立》1979 年第 10 期；嚴家炎：《就〈鑄劍〉與金庸小說再答袁良駿先生》，《粵海風》2002 年第 3 期；李允經：《〈鑄劍〉究竟寫於何年？》，《魯迅研究月刊》2009 年第 10 期。

〔註6〕 參見朱正：《〈鑄劍〉不是在廈門寫成的》，《魯迅回憶錄正誤（增訂本）》，北京：人民文學出版社 2006 年版；袁良駿：《為〈鑄劍〉一哭——答嚴家炎先生〈為〈鑄劍〉一辯〉》，《粵海風》2001 年第 5 期。

〔註7〕 孫昌熙、韓日新：《〈鑄劍〉完篇的時間、地點及其意義》，《吉林師大學報》1980 年第 3 期；龍永幹：《〈鑄劍〉創作時間考釋及其他》，《魯迅研究月刊》2012 年第 7 期。

〔註8〕 《270409 致臺靜農》，《魯迅全集》第 12 卷，第 28 頁。

來一打岔，放下許久之後再來寫，性格也許就變了樣，情景也會和先前所豫想的不同起來。」〔註9〕《鑄劍》前兩節是一個相對單純的復仇故事，裏面充滿了朝氣和希望；後兩節風格發生了變化，諧謔調侃的消解意味突顯出來。爲了表明這變化，魯迅故意將創作於兩個不同時期的部分分期發表，也是合乎情理的。

魯迅在《鑄劍》末尾所注的「一九二六年十月」應當指的是一二節的創作時間。丸尾常喜認爲：「與其說反映了編輯《故事新編》時記憶的模糊，毋寧說在魯迅的記憶裏存在著某種對《鑄劍》的構思起過重要作用的東西這種可能性。」〔註10〕這種說法應當是符合實際的。初到廈門的魯迅，「一個人住在廈門的石屋裏，對著大海，翻著古書，四近無生人氣，心裏空空洞洞。」〔註12〕9月，他只寫作了《從百草園到三味書屋》和《廈門通信》，其餘的時間則忙於和許廣平通信，收拾房子，安排課程，接待師生。10月初，經過一個多月的忙碌和適應，魯迅的生活逐漸穩定下來。他於9月25日從國學院搬至集美樓，這樣不僅可以不必再爬96級的臺階，而且「比先前的靜多了，房子頗大，是在樓上」，「心就安靜得多了」。〔註11〕這使得他可以整理自己的時間和心情，從而進入寫作狀態。10月7日，魯迅寫作《父親的病》；8日，作《瑣記》；12日，作《藤野先生》；14日，作《〈記談話〉附記》、《〈華蓋集續編〉小引》、《〈華蓋集續編〉校訖記》；15日，編定《華蓋集續編》。可以看出，魯迅從10月7日開始進入寫作狀態。在這個過程中，他不可能寫作《鑄劍》。因爲他沒有理由將尚未創作完成的稿子擱下而去開始其他並不是立即需要寫作的東西。因此，可以大致將《鑄劍》寫作時間的上限定爲1926年的10月15日。

是什麼使得魯迅停下了已經開始了的《鑄劍》寫作呢？魯迅曾言及自己創作《奔月》和《鑄劍》是緣於「北京的未名社，卻不絕的來信，催促雜誌的文章。」〔註13〕《鑄劍》手稿印有「未名稿紙」的字樣也可以證明這篇稿子本是爲《莽原》而作。沿此線索，通過魯迅這一時期的書信可以發現，高

〔註9〕 《南腔北調集·我怎麼做起小說來》，《魯迅全集》第4卷，第527頁。
〔註10〕 〔日〕丸尾常喜：《「人」與「鬼」糾葛：魯迅小說論析》，秦弓譯，北京：人民文學出版社2006年版，第316頁。
〔註12〕 《故事新編·序言》，《魯迅全集》第2卷，第354頁。
〔註11〕 《260926 致許廣平》，《魯迅全集》第11卷，第554頁。
〔註13〕 《故事新編·序言》，《魯迅全集》第2卷，第354頁。

長虹等人的投稿風波應是導致魯迅中斷《鑄劍》寫作的原因。魯迅在 10 月 23 日給許廣平的信中寫道：「長虹和韋素園又鬧起來了，在上海出版的《狂飆》上大罵，又登了一封給我的信，要我說幾句話。他們真是吃得閒空，然而我卻不願意陪著玩了，先前也陪得夠苦了，所以擬置之不理。（鬧的原因是因為《莽原》上不登培良的一篇劇本。）我的生命，實在為少爺們耗去了好幾年，現在躲在島上了，他們還不放。」〔註14〕這段話是接著 21 日沒有寄出的信繼續寫的。這說明魯迅是在 23 日這天看到了高長虹 10 月 17 日發在《狂飆》週刊第 2 期的《通訊》二則。高長虹在《給魯迅先生》中寫道：「新生的《狂飆》週刊已由書局直接寄你」。〔註15〕魯迅在給韋素園的信中寫道：「《狂飆》已經看到四期」。〔註16〕這說明魯迅是收到了刊物並且閱讀了的。查閱魯迅日記，依當時身在上海的周建人寄給魯迅書信所用的時間來看，長則 11 日，短則 3 日，7 日居多。17 日《狂飆》出版，23 日魯迅收到，是合乎常理的。這則通訊給魯迅以極大的憤慨，他在給許廣平的信中寫道：「我其實還敢於站在前線上，但發見稱為『同道』的暗中將我作傀儡或背後槍擊我，卻比被敵人所傷更其悲哀」。〔註17〕對研究系的仇恨可以使他提筆創作，但對自己以血飼養的青年人的失望，則可以使他黯然停筆。在接下來呆在廈門近三個月的時間裏，魯迅除了為一些集子做些題跋外，幾乎沒有創作。僅在 11 月 18 日作《范愛農》，20 日作《所謂「思想先驅者」魯迅啓事》，12 月 22 日作《〈走到出版界〉的「戰略」》，24 日作《新的世故》，30 日作《奔月》。後四篇均為反擊高長虹而作。由此一方面可以看出高長虹的攻擊對魯迅帶來的傷害之大，另一方面也可以得出結論，23 日高長虹事件以後的魯迅是沒有心情進行《鑄劍》寫作的。

　　23 日魯迅給許廣平的信，前半部分與以往的信件相比，沒有什麼新的內容，也沒有什麼事能引起他的情緒波動，而最後訴說的高長虹事件則深深刺傷了魯迅。他急於將此事向自己的愛人傾訴。魯迅在 23 日看到的《通訊》兩則，應該是直接導致《鑄劍》終止創作的原因。他在 23 日給章廷謙的信中寫道：「喝了一瓶啤酒，遂不免說酒話，幸祈恕之」。〔註18〕而就在本月 15

〔註14〕《261023　致許廣平》，《魯迅全集》第 11 卷，第 588 頁。

〔註15〕高長虹：《給魯迅先生》，《狂飆》週刊第 2 期。

〔註16〕《261109　致韋素園》，《魯迅全集》第 11 卷，第 610 頁。

〔註17〕《261109　致許廣平》，《魯迅全集》第 11 卷，第 609 頁。

〔註18〕《261023　致章廷謙》，《魯迅全集》第 11 卷，第 584 頁。

日給許廣平的信中，魯迅還寫道：「酒是自己不想喝，我在北京，太高興和太憤懣時就喝酒，這裡雖仍不免有小刺戟，然而不至於『太』，所以可以無須喝了，況且我本來沒有癮。」〔註19〕這時的他恐怕不會有太高興的事，就只剩「太憤懣」這一條了。這「太憤懣」應是來自高長虹的攻擊。魯迅在接下來 28 日給許廣平的信中大發憤慨：「我這幾年來，常想給別人出一點力，所以在北京時，拚命地做，不吃飯，不睡覺，吃了藥校對，作文。誰料結出來的，都是苦果子。一群人將我做廣告自利，不必說了；便是小小的《莽原》，我一走也就鬧架。長虹因為他們壓下（壓下而已）了投稿，和我理論，而他們則時時來信，說沒有稿子，催我作文。我才知道犧牲一部分給人，是不夠的，總非將你磨消完結，才肯放手。我實在有些憤怒了」，魯迅決定「至二十四期止，便將《莽原》停刊，沒有了刊物，看他們再爭奪什麼。」〔註20〕既然存了將《莽原》停刊的念頭，那麼給其寫的稿子自然也就不那麼急於完成了，當然更重要的是無心再寫了。由此可將 10 月 23 日定為魯迅寫作《鑄劍》的下限。這樣就可以將《鑄劍》的寫作時間鎖定在 10 月 15 日至 23 日之間。

魯迅在廈大的課並不多，在 9 月 30 日的信中說：「我的功課現在有五小時了，只有兩小時須編講義，然而頗費事，因為文學史的範圍太大了」。〔註21〕再加上「所謂別的『相當職務』，卻太繁，有本校季刊的作文，有本院季刊的作文，有指導研究員的事（將來還有審查），合計起來，很夠做做了。」〔註22〕在這些工作中，比較不容遷延且繁重的一項是編文學史講義，「大約每星期四五千字」〔註23〕。由於沒有找到當時的課程表，因此只能通過相關材料對其每周課程安排作相應推斷。魯迅在書信裏提及：「重九日這裡放一天假，我本無功課」。〔註24〕重九這天是 10 月 15 日星期五，由此可知周五沒課。統計魯迅從 9 月 20 日開學至 12 月 31 日辭去廈門大學一切職務的所有創作，共有《廈門通信》、《父親的病》、《瑣記》、《藤野先生》、《〈記談話〉附記》、《〈華蓋集續編〉小引》、《〈華蓋集續編〉校訖記》、《〈墳〉的題記》、

〔註19〕 《261015　致許廣平》，《魯迅全集》第 11 卷，第 573 頁。
〔註20〕 《261028　致許廣平》，《魯迅全集》第 11 卷，第 590 頁。
〔註21〕 《260930　致許廣平》，《魯迅全集》第 11 卷，第 560 頁。
〔註22〕 《260920　致許廣平》，《魯迅全集》第 11 卷，第 549 頁。
〔註23〕 《260922　致許廣平》，《魯迅全集》第 11 卷，第 552 頁。
〔註24〕 《261020　致許廣平》，《魯迅全集》第 11 卷，第 582 頁。

《廈門通信（二）》、《寫在〈墳〉後面》、《〈爭自由的波浪〉小引》、《范愛農》、《所謂「思想界先驅者」魯迅啓事》、《〈阿Q正傳〉的成因》、《〈走到出版界〉的「戰略」》、《新的世故》、《奔月》、《廈門通信（三）》共 18 篇。其中周一創作 0 篇，周二 1 篇，周三 1 篇，周四 8 篇，周五 4 篇，周六 2 篇，周日 2 篇。那門須編講義的文學史課應當是安排在周三，因爲魯迅曾在 9 月 28 日周二給許廣平的信中寫道：「從昨天起，已開手編中國文學史講義，今天編好了第一章」。〔註 25〕周五沒課，這編好的第一章應當是爲周三或周四準備，但周四不僅集中了魯迅在這一時期最多的創作，而且在 10 月 14 日周四的一天裏，魯迅上午去廈大周會演講，然後又作有《〈記談話〉附記》、《〈華蓋集續編〉小引》、《〈華蓋集續編〉校訖集》，如此大的工作量，文學史課應當不在周四這天。周六周日雖然沒有課，但其他的老師、學生也沒有課，魯迅不免要拿出相當精力來應付他們。他在信中寫道：「學生對我尤好，只恐怕我在此住不慣，有幾個本地人，甚至於星期六不回家，預備星期日我要往市上去玩，他們好同去作翻譯」。〔註 26〕「我在這裡又有一事不自由，學生個個認得我了，記者之類亦有來訪」。〔註 27〕周四周五則不同，魯迅沒課，其他的老師學生有課，這樣也便成了最適宜寫作的時間。

魯迅在 10 月 15 日在給韋素園的信中寫道：「這幾天做了兩篇，今寄上，可以用到十一月了，續稿緩幾時再寄。這裡雖然不欠薪，然而如在深山中，竟沒有什麼作文之意。」〔註 28〕這說明他此時心中尚無創作之意。魯迅在 16 日周六晚給許廣平寫了一封長達 1500 餘字的信；18 日周一晚和同人六人在南普陀寺爲沈兼士餞行；19 日周二給李小峰寄信和《卷葹》及《華蓋集續編》的稿子；20 日周三給許廣平寫了封長達 2500 餘字的信。在周六至周三的時間裏，魯迅一方面手頭有事要做，另一方面在此之前已有多篇作品，從創作規律來說，這段時間他也需要休息。10 月 21 日周四，22 日周五是魯迅廈門時期的最佳寫作時間。巧合的是，孫伏園 10 月 20 日動身去廣州。魯迅在 23 日給章廷謙的信中寫道：「我現在寄居在圖書館的樓上，本有三人，一個搬走了，伏園又去旅行，所以很大的洋樓上，只剩了我一個了」。〔註 29〕這樣的環境正

〔註 25〕 《260930　致許廣平》，《魯迅全集》第 11 卷，第 557 頁。
〔註 26〕 《261010　致許廣平》，《魯迅全集》第 11 卷，第 570 頁。
〔註 27〕 《261016　致許廣平》，《魯迅全集》第 11 卷，第 576 頁。
〔註 28〕 《261015　致韋素園》，《魯迅全集》第 11 卷，第 571 頁。
〔註 29〕 《261023　致章廷謙》，《魯迅全集》第 11 卷，第 584 頁。

適合寫作。21 日周四本爲魯迅一周中的最佳寫作時間，但這天的日記記載：「上午寄廣平信並書一包。寄小峰信。收日本書求堂所贈抽印《古本三國志演義》十二葉，淑卿轉寄。下午寄春臺信。晚南普陀寺及閩南佛學院公宴太虛和尚，亦以柬來邀，赴之，坐眾三十餘人。」〔註 30〕魯迅晚宴回來後又將此事寫信告訴許廣平。察看這一天的行程，他應當沒有餘力進行創作。22 日的日記寫道：「午後得謝旦信。下午得欽文信，十六日發。」〔註 31〕這天他沒有寫信，也沒有應酬，《鑄劍》的一二節應當創作於這天。

高長虹事件的干擾，大爲憤懣且獨自飲酒的魯迅，在廈門沒有心情繼續三四節的寫作。到廣州後，與許廣平的相見，自是對前一階段的煩惱有所緩解。據許廣平回憶：「一到廣州，先生就說：『我們應該同創造社的人聯合，對文化有所貢獻。』所以到不幾天，懷著大量的高興，就到創造社去訪問」。〔註 32〕他在 1 月 25 日中山大學學生會歡迎會上鼓動青年們：「有聲音的，應該喊出來了。因爲現在已再不是退讓的時代，因爲說話總比睡覺好。有新思想的喊出來，有舊思想的也喊出來，可以表示他自己（舊思想）之快將滅亡。」〔註 33〕魯迅來到廣州，精神很是活躍。特別是 2 月 20 日許壽裳來到大鐘樓和他同住後，見到最爲信任和相知的朋友，魯迅極爲高興。「從此，每日吃館子，看電影，星期日則遠足旅行，如是者十餘日，豪興才稍疲。」〔註 34〕由於魯迅擔任中山大學文學系主任兼教務主任，主持學校的各種事務，再加上學生來訪，「從早十點至夜十點，都有人來找」。〔註 35〕他發出感慨：「我這一個多月，竟如活在漩渦中，忙亂不堪」。〔註 36〕從另一方面看，身在漩渦的各種刺激，也使他獲得寫作的動力。許壽裳回憶，他們所住的大鐘樓，「夜裏有十幾匹頭大如貓的老鼠賽跑，清早有懶不做事的工友們在門外高唱」，「客散以後，魯迅才開始寫作，有時至於徹夜通宵，我已經起床了，見

〔註 30〕《日記十五〔一九二六年〕十月》，《魯迅全集》第 15 卷，第 641 頁。

〔註 31〕《日記十五〔一九二六年〕十月》，《魯迅全集》第 15 卷，第 641～642 頁。

〔註 32〕許廣平：《關於魯迅的生活》，魯迅博物館·魯迅研究室·《魯迅研究月刊》選編：《魯迅回憶錄：專著》（中冊），北京：北京出版社 1999 年版，第 693 頁。

〔註 33〕堅如：《歡迎了魯迅以後》，中國社會科學院文學研究所魯迅研究室編《1913～1983 魯迅研究學術論著資料彙編》第 1 卷，北京：中國文聯出版公司 1985 年版，第 242 頁。

〔註 34〕許壽裳：《亡友魯迅印象記》，《魯迅回憶錄：專著》（上冊），第 270 頁。

〔註 35〕《270317　致李霽野》，《魯迅全集》第 12 卷，第 24 頁。

〔註 36〕《270315　致韋叢蕪》，《魯迅全集》第 12 卷，第 23 頁。

他還在燈下伏案揮毫，《鑄劍》等篇便是這樣寫成的。」〔註37〕這段文字是可信的。人們對於地點較時間更容易記住，況且還有令人印象深刻的生活細節。合居在樓房對角線兩端的魯迅和許壽裳，依他們之間的熟悉程度，應當對彼此在做什麼事情相當熟悉。如此便可將《鑄劍》三四節的寫作時間定在 1927 年 2 月 20 日許壽裳搬至大鐘樓到 3 月 29 日移居白雲樓之間。至於魯迅在 4 月 3 日的日記裏寫下的「作《眉間赤》訖」，應當是在爲次日寄出發表做最後的文字修改。就像他在 5 月 26 日的日記寫下的：「下午整理《小約翰》本書訖」，〔註38〕只表明於本日整理完畢，並不代表所有的整理都在這一天完成，因爲他在 5 月 2 日的日記裏寫有：「開始整理《小約翰》譯稿」。〔註39〕

二、《鑄劍》的創作契機和深層動因

以往對《鑄劍》創作動機的分析，多從魯迅的思想歷程和生活狀態著手，缺少對當時國民革命時代背景的關注。國民革命是中國現代歷史上的重要時期，它結束了北洋軍閥的混亂統治，完成了國家形式上的統一，開啓了一個新的時代的到來。那個時期的國人對這次革命抱有很大希望，眾多知識分子紛紛南下，「到黃埔去」成爲知識青年的口號。時代風潮的風雲激蕩對潛隱在魯迅內心的復仇情結進行著激活，直接影響著《鑄劍》的寫作，而魯迅在那個特殊階段的心態變化和精神歷程也凝聚在小說之中。

魯迅雖然對《故事新編》不滿意，卻對《鑄劍》青睞有加。「《故事新編》真是『塞責』的東西，除《鑄劍》外，都不免油滑」。〔註40〕「《故事新編》中的《鑄劍》，確是寫得較爲認眞。」〔註41〕魯迅對《鑄劍》的首肯，可能源於其中沒有他所不滿的「油滑」。爲什麼《鑄劍》有此幸運呢？難道在創作《鑄劍》時魯迅就能忘卻現實嗎？這當然是不可能的。只要生命存在，魯迅對現實的關注就是存在的。可能的解釋是，他當時的心境與《鑄劍》的創作主題高度契合，二者的同向運動，確保了小說的文氣貫通。魯迅對現實的感受，有機地融合在了小說的創作之中，從而既傳達了現實感受，又寫出了古人身上的精魂。因此，對這篇小說的理解，需要從魯迅當時所處的大的時

〔註37〕 許壽裳：《亡友魯迅印象記》，《魯迅回憶錄：專著》（上冊），第 271 頁。
〔註38〕 《日記十六〔一九二七年〕五月》，《魯迅全集》第 16 卷，第 23 頁。
〔註39〕 《日記十六〔一九二七年〕五月》，《魯迅全集》第 16 卷，第 21 頁。
〔註40〕 《360201 致黎烈文》，《魯迅全集》第 14 卷，第 17 頁。
〔註41〕 《360328 致增田涉》，《魯迅全集》第 14 卷，第 385～386 頁。

代背景和小的生活環境中尋找答案。

雖然段祺瑞政府在 4 月份奉軍和直魯聯軍入京後即倒臺，魯迅被其通緝的危險已不存在，但被新成立的以直奉兩大勢力為背景的北京政府獵殺的危險卻依然存在。他們在鎮壓青年學生和知識分子方面比段祺瑞政府更加直接和兇殘。「4 月 24 日，京師警察廳奉直魯聯軍首領之命令，封閉《京報》館，逮捕社長邵飄萍。邵於 26 日晨 4 時被綁赴天橋槍殺，罪名為『勾結赤俄，宣傳赤化』。」〔註42〕「5 月 2 日，北京衛戍總司令王懷慶發佈維持市面辦法 10 條、保衛治安辦法 17 條，聲言『宣傳赤化、主張共產者，不分首從，一律處死刑。』」〔註43〕「5 月 4 日，北京軍警奉命『嚴拿宣傳赤化及主張赤化者』，是日起搜查中國大學、中俄大學、北京大學、北師大、女師大等校。」〔註44〕「6 月 22 日，北京民國大學校長雷殷及教授一名被奉軍以『有與國民軍及共產黨有關係』之罪名，拘捕送往天津。」〔註45〕「8 月 5 日，京畿衛戍司令部以『宣傳共產主義』之罪名逮捕北大學生明仲祺，是日宣佈判刑四年。並令各校將凡列『北大學生總會』名冊之學生一律開除。」〔註46〕「8 月 6 日，北京《社會日報》社長林萬里（白水）因撰文抨擊張宗昌、潘復，是日凌晨 2 時被京畿憲兵司令王琦以『通敵』罪逮捕，4 時許即綁赴天橋槍斃。」〔註47〕就在魯迅剛到廈門後的 9 月 4 日，新上任的教育總長任可澄便率軍警強行合併女師大，比起當時的章士釗有過之而無不及。如果魯迅和許廣平在北京，他們的處境又應當如何呢？據王志之回憶，直到魯迅離開的前一天，他才從臺靜農那得到消息：

> 這時，我們才知道，老頭子已經決定明天晚車離平，臺靜農已經替他把車位定好了，他把時間和車上改的名字告訴我，笑著問。
>
> 「這該像一個商人的名字？」
>
> 臺靜農又很慎重地囑咐我：
>
> 「這是誰都不知道的，請你不要告訴任何人！」〔註48〕

〔註42〕韓信夫、姜克夫主編《中華民國大事記》第 4 卷，北京：中華書局 2011 年版，第 2440 頁。
〔註43〕韓信夫、姜克夫主編《中華民國大事記》第 4 卷，第 2446 頁。
〔註44〕韓信夫、姜克夫主編《中華民國大事記》第 4 卷，第 2448 頁。
〔註45〕韓信夫、姜克夫主編《中華民國大事記》第 4 卷，第 2474 頁。
〔註46〕韓信夫、姜克夫主編《中華民國大事記》第 4 卷，第 2495 頁。
〔註47〕韓信夫、姜克夫主編《中華民國大事記》第 4 卷，第 2495 頁。
〔註48〕王志之：《魯迅印象記》，《魯迅回憶錄：專著》（上冊），第 29 頁。

從這段回憶可以看出，魯迅和他身邊的朋友對於他的離開持謹慎態度，以至於坐車時連名字也改掉。這裡面自然有不希望過多的人知道他和許廣平一起離京南下的意味，但恐怕更多是出於安全的考慮。許廣平是國民黨黨員，她要奔赴的地方是當時的革命中心廣州，擔任的職務是國民黨在學校裏負責學生思想工作的訓育主任。據增田涉回憶，魯迅和許廣平南下途中曾遭遇危險：

> 在南京的旅館裏，遭到孫傳芳手下軍人的檢查，行李中放著許女士的國民黨員證，運氣很壞，那件放著黨員證的行李被打開了。「那時候，已經感覺到糟了！」魯迅說：「但是因爲軍人們只翻行李的底層，卻沒有注意到在最上面的黨員證。」「如果發見了會被殺死吧？」「大概是要被殺掉的，因爲那時的國民黨員，如果被發現了，馬上就要被殺的。」〔註49〕

國民黨員落入孫傳芳之手會被殺，落入張作霖和吳佩孚之手，同樣會被殺。據許廣平回憶：「在北京時，人們對奉直等軍閥不滿意，那時在南方革命勢力影響下的馮玉祥先生，在西北也頗有整頓，頗有朝氣，先生即與之合作，幫忙主編《國民新報》副刊。」〔註50〕這定爲當時正與馮玉祥的國民軍激戰的直奉勢力所不容。再加上許廣平國民黨黨員的身份，即使不考慮與魯迅的母親魯瑞、妻子朱安的關係，他們在北京也是無法存身的。

一方面由於北京的政治環境惡劣，另一方面陷於和許廣平愛情的魯迅對新的生活方式的尋求，都促使他們離京南下。在許廣平勇敢書信的啓迪下，魯迅放棄了原先對人生的設定：「陪著做一世犧牲，完結了四千年的舊帳」。〔註51〕他發出「我可以愛」〔註52〕的呼聲。廈門時期的魯迅在轉變，但轉變絕非到了廈門才開始，只不過是在這個地方，魯迅以前潛隱在內心的想法活躍起來，並最終衝破自我限定，轉化爲實際行動。轉變至少是在許廣平的第一封來信時就已開始。愛情使魯迅的生命重新煥發活力。他開始從以前近乎避世隱居的生活中走出來，參與實際的社會活動。魯迅向來不主張與殘忍而又不擇手段的敵人短兵相接，那樣只會白白損失力量。對於所批判的社會，

〔註49〕 〔日〕增田涉：《魯迅的印象》，鍾敬文譯，《魯迅回憶錄：專著》（下冊），第1390頁。

〔註50〕 許廣平：《關於魯迅的生活》，《魯迅回憶錄：專著》（中冊），第693頁。

〔註51〕 《熱風·四十》，《魯迅全集》第1卷，第338頁。

〔註52〕 《270111 致許廣平》，《魯迅全集》第12卷，第11頁。

他說道：「我先前的攻擊社會，其實也是無聊的。社會沒有知道我在攻擊，倘一知道，我早已死無葬身之所了」。〔註53〕以前雖也參加了新文化運動，與各式人等論爭，但都限於文字，他並沒有直接走進人群。在女師大風潮中，魯迅不僅親身參與，而且甚至鬧到與教育總長章士釗對簿公堂。以他對人世的洞悉，絕對可以察覺到其中所潛藏的危險。危險果然隨之而至，首先是被開除了賴以存身的公職，再就是連生命安全也受到了威脅。他不得不躲起來避難。魯迅明白如果和許廣平的戀情被外界偵知，那麼就是給了敵手和社會攻擊自己最有殺傷力也最得意的武器。他以往在社會中積累起來的各種財富將統統不復存在，甚至連存活下來也成爲問題。死對他來說，本不是一個問題。但現在這份給了他自認爲已朽腐的身體以活力的戀情是他無法割捨的。他要保存這份愛情，走向這份愛情，於是只得離開。離開本身就蘊含著新生。

魯迅和許廣平在 1926 年 8 月 26 日離京南下，在這之前，什麼時間走，去什麼地方，他們一定是經過了長時間的討論。據許廣平回憶：「政治的壓迫，個人生活的出發，驅使著他。尤其是沒有半年可以支持的生活費，一旦遇到打擊，那是很危險的。」〔註54〕「當北洋軍閥逼到我們走投無路的時候，以爲南方革命空氣比較濃厚，總會聊勝一籌的。」〔註55〕當時轟轟烈烈的國民革命，被時人認爲是「第二辛亥革命」〔註56〕，是把當初被袁世凱竊取的革命果實再奪回來的舉動，國人對此寄予厚望。魯迅對孫中山作爲一個永遠的革命者大加稱讚。據荊有麟回憶：「因爲魯迅先生記住了中山先生的功勳。所以對於中山先生及其所領導的中國國民黨，便寄予最深厚的同情和希望。」「他曾說過：他如果能練好十萬黨軍，三年內，他絕對統一中國。——則後來之『洪憲元年』，『張勳復辟』，以及十多年的軍閥混戰，恐怕都不會出現罷？」〔註57〕許廣平曾就加入國民黨一事商之魯迅，他的回答是：「這種團體，一定有範圍，尚服從公決的。所以只要自己決定，如要思想自由，特立獨行，便不相宜。如能犧牲若干自己的意見，就可以。」〔註58〕由此可見，許廣平加入國民黨，魯迅是同意的，至少是不反對的。北伐開始後，加入國民黨的許

〔註53〕《而已集・答有恒先生》，《魯迅全集》第 3 卷，第 477 頁。
〔註54〕許廣平：《欣慰的紀念》，《魯迅回憶錄：專著》（上冊），第 350 頁。
〔註55〕許廣平：《魯迅回憶錄》，《魯迅回憶錄：專著》（下冊），第 1145 頁。
〔註56〕天馬：《不離其宗》，《大公報》1926 年 9 月 9 日。
〔註57〕荊有麟：《魯迅回憶斷片》，《魯迅回憶錄：專著》（上冊），第 172～173 頁。
〔註58〕《250530 致許廣平》，《魯迅全集》第 11 卷，第 492 頁。

廣平在廣州獲得工作機會，在廣州女子師範學校擔任訓育主任的職務，專門宣傳國民黨教義。許廣平這位年青國民黨員身上的朝氣不僅給魯迅以愛情，喚醒了朽腐的身體，而且其所追求的事業也為魯迅的生命注入了活力。面對當時轟轟烈烈的國民革命，北伐軍勢如破竹的大好形勢，魯迅在給許廣平的書信中多次表達對此的關注和喜悅之情。他在廈門給許廣平的信中寫道：「此地人民的思想，我看其實是『國民黨的』的，並不老舊」。〔註59〕這樣一種可能給中國帶來新生的力量，讓魯迅煥發了有保留的希望，火種再次在他的心中燃起。《鑄劍》的寫作即是這希望之火再次點燃的結果。就像魯迅所言：「創作總根於愛。楊朱無書」。〔註60〕只有當他心中有了新的希望，創作才可能產生。魯迅開始創作《眉間尺》，副題題為「新編的故事之一」，有足成八則《故事新編》的打算。這裡面一個關鍵的字是「新」。《吶喊》、《彷徨》、《野草》、《朝花夕拾》這些作品集子的題目都準確反映了魯迅創作時的心理狀態，那麼「新」字又作何解呢？在他的生命歷程中，共出現過三次「新」，即《新生》、《新青年》、《新編的故事之一》。這都是魯迅內心燃起希望的時刻，雖然這希望一次次幻滅，並且一次比一次來得讓人絕望。魯迅把絕望看作是和希望同一性質的東西，「絕望之為虛妄，正與希望相同」。〔註61〕「然而說到希望，卻是不能抹殺的，因為希望是在於將來，決不能以我之必無的證明，來折服了他之所謂可有」。〔註62〕這樣的認識顯示出了一種可貴的對個人在歷史發展進程中所發揮作用的準確定位，一種在外界不可測、不可控強大力量面前的謙遜品質，一種知其不可為而為之的實幹精神。就像他自己所說的那樣，「但願不如所料，以為未必竟如所料的事，卻每每恰如所料的起來」。〔註63〕五四落潮了，當初的戰友，「有的高升，有的退隱，有的前進」，〔註64〕風流雲散，布不成陣了。魯迅的心情是頹唐了，但他仍要走下去，「不克厥敵，戰則不止」，〔註65〕雖然彷徨，但仍是拿著武器的。這沒有丟掉的武器，在國民革命風潮的鼓動下又開始重新舞動起來，那結果就是精絕奇詭的《鑄劍》。魯迅在《革

〔註59〕 《261010 致許廣平》，《魯迅全集》第 11 卷，第 571 頁。

〔註60〕 《而已集·小雜感》，《魯迅全集》第 3 卷，第 556 頁。

〔註61〕 《野草·希望》，《魯迅全集》第 2 卷，第 182 頁。

〔註62〕 《吶喊·自序》，《魯迅全集》第 1 卷，第 441 頁。

〔註63〕 《彷徨·祝福》，《魯迅全集》第 2 卷，第 8 頁。

〔註64〕 《南腔北調集·〈自選集〉自序》，《魯迅全集》第 4 卷，第 469 頁。

〔註65〕 《墳·摩羅詩力說》，《魯迅全集》第 1 卷，第 84 頁。

命時代的文學》裏曾對革命與文學的關係進行闡述：「怒吼的文學一出現，反抗就快到了；他們已經很憤怒，所以與革命爆發時代接近的文學每每帶有憤怒之音；他要反抗，他要復仇。蘇俄革命將起時，即有些這類的文學。但也有例外，如波蘭，雖然早有復仇的文學，然而他的恢復，是靠著歐洲大戰的。」〔註 66〕魯迅的《鑄劍》就是這樣靠近革命充滿怒吼之音的文學。那被歷史塵封的復仇傳統，那潛隱於魯迅內心的復仇情結，借助國民革命的風潮得以恢復，得以展現。因此，國民革命的大背景爲魯迅的《鑄劍》創作提供著激活其希望的巨大能量。

僅有大的時代背景尚不足以成就寫作，畢竟最終還是魯迅自身的社會經驗和人生思考構成了《鑄劍》文本的精魂。越地的復仇傳統，魯迅一向引以爲豪，「『會稽乃報仇雪恥之鄉』，身爲越人，未忘斯義」。〔註 67〕那「糾纏如毒蛇，執著如怨鬼，二六時中，沒有已時」〔註 68〕的女弔，魯迅癡迷一生，在他最虛弱的時候給他以力量。他認爲「被壓迫者即使沒有報復的毒心，也決無被報復的恐懼，只有明明暗暗，吸血吃肉的兇手或其幫閒們，這才贈人以『犯而勿校』或『勿念舊惡』的格言」。〔註 69〕「有時也覺得寬恕是美德，但立刻也疑心這話是怯漢所發明，因爲他沒有報復的勇氣；或者倒是卑怯的壞人所創造，因爲他貽害於人而怕人來報復，便騙以寬恕的美名。」〔註 70〕魯迅信奉「以眼還眼以牙還牙」的鬥爭哲學，主張痛打落水狗。他在爲三一八慘案被殘忍殺害的青年學生創作的《無花的薔薇之二》裏寫道：「血債必須用同物償還。拖欠得愈久，就要付更大的利息！」〔註 71〕

魯迅和許廣平在女師大風潮中並肩作戰，與章士釗、楊蔭榆等進行針鋒相對的鬥爭，結果女師大師生成功復校。但這樣的勝利是短暫的，新上任的教育總長任可澄在魯迅離京南下後，立刻將女師大和女大合併爲北京女子學院，並在 9 月 4 日親率警察廳保安隊和軍督察處兵士 40 餘人實行武裝接收。魯迅在 9 月 14 日給許廣平的信中寫道：「女師大已被合併爲女子學院，師範部的主任是林素園（小研究系），而且於四日武裝接收了，眞令人氣憤」。〔註 72〕許廣平

〔註 66〕 《而已集・革命時代的文學》，《魯迅全集》第 3 卷，第 438 頁。
〔註 67〕 《360210　致黃蘋蓀》，《魯迅全集》第 14 卷，第 24 頁。
〔註 68〕 《華蓋集・雜感》，《魯迅全集》第 3 卷，第 52 頁。
〔註 69〕 《且介亭雜文末編・女弔》，《魯迅全集》第 6 卷，第 642 頁。
〔註 70〕 《墳・雜憶》，《魯迅全集》第 1 卷，第 236 頁。
〔註 71〕 《華蓋集續編・無花的薔薇之二》，《魯迅全集》第 3 卷，第 279 頁。
〔註 72〕 《260914　致許廣平》，《魯迅全集》第 11 卷，第 545 頁。

10 月 14 日給魯迅的信中寫道：「研究系之流，專是假道學，外面似書呆子。這回女師大，簡直就是研究系和國民黨報仇。」〔註73〕魯迅對研究系一向深惡痛絕，並且當時他極為討厭的顧頡剛就在廈大。魯迅認定顧頡剛就是陳源所說的他抄襲鹽谷溫文學史的源頭。〔註74〕多年以後，他對此事仍耿耿於懷。魯迅在 1935 年底寫道：「現在鹽谷教授的書早有中譯，我的也有了日譯，兩國的讀者，有目共見，有誰指出我的『剽竊』來呢？」「是經十年之久，我竟報復了我個人的私仇。」〔註75〕由於判定「這人是陳源」，〔註76〕「顧之反對民黨，早已顯然」，〔註77〕這樣的仇恨情緒在當時應是極為強烈的。魯迅在 10 月 20 日給許廣平的信中寫道：「研究系比狐狸還壞，而國民黨則太老實，你看將來實力一大，他們轉過來來拉攏，民國便會覺得他們也並不壞」，「國民黨有力時，對於異黨寬容大量，而他們一有力，則對於民黨之壓迫陷害，無所不至，但民黨復起時，卻又忘卻了，這時他們自然也將故態隱藏起來。」〔註78〕這是魯迅從自身觀察到的血淋淋的事實得出的教訓。他的姑祖父章介倩的族人章介眉，曾在浙江巡撫張增㪯門下做刑名師爺，力主處決秋瑾，後又慫恿平毀秋瑾墓。辛亥革命後，王金髮進駐紹興，逮捕了章介眉卻將其釋放，旋被其所害。「這就因為先烈的好心，對於鬼蜮的慈悲，使它們繁殖起來，而此後的明白青年，為反抗黑暗計，也就要花費更多更多的氣力和生命。」〔註79〕在對當時的國民革命抱以巨大希望的時刻，魯迅自然不希望這血的教訓再次上演。他在信中表示：「上午和兼士談天，他也很以為然，希望我以此提醒眾人，但我現在沒有機會，待與什麼言論機關有關係時再說罷。」〔註80〕魯迅在言論機關上提醒眾人的表達方式不一定就是小說，但小說應是表現的形式之一。

　　私敵公仇合二為一，復仇的烈焰也燃燒得更為猛烈。再加上一個恰切的時機，就可能轉化為創作。魯迅因為編中國文學史的講義，需要翻閱材料，

〔註73〕 魯迅、許廣平：《魯迅景宋通信集——〈兩地書〉的原信》，長沙：湖南人民出版社 1984 年版，第 161 頁。

〔註74〕 參見邱煥星：《魯迅與顧頡剛關係重探》，《文學評論》2012 年第 3 期。

〔註75〕 《且介亭雜文二集·後記》，《魯迅全集》第 6 卷，第 465 頁。

〔註76〕 《260930　致許廣平》，《魯迅全集》第 11 卷，第 559 頁。

〔註77〕 《261108　致許廣平》，《魯迅全集》第 11 卷，第 605 頁。

〔註78〕 《261020　致許廣平》，《魯迅全集》第 11 卷，第 581 頁。

〔註79〕 《墳·論「費厄潑賴」應該緩行》，《魯迅全集》第 1 卷，第 289 頁。

〔註80〕 《261020　致許廣平》，《魯迅全集》第 11 卷，第 581 頁。

他在信中感歎：「可惜此地藏書不多，編起來很不便」。〔註 81〕他在給李小峰的信中曾述及來廈門的打算：「的確想在這裡住兩年，除教書之外，還希望將先前所集成的《漢畫像考》和《古小說鈎沈》印出。」〔註 82〕既然如此，他手頭的《古小說鈎沈》自然是參考書之一。魯迅在 20 日給許廣平的信中還提及此書，「將我所輯的《古小說鈎沈》獻出，則學校可以覺得錢不白化，而我也可以來去自由了。」〔註 83〕他在 10 月 4 日的信中談及「現已有兩章付印了」。〔註 84〕這兩章指的是後來結集爲《漢文學史綱要》的第一篇：自文字至文章和第二篇：《書》與《詩》。他在 10 月 12 日的信中說：「從明天起，又要編講義了。」〔註 85〕那麼下邊要編的應是第三篇：老莊。依此類推，20 日前後，魯迅要編的應當是第四篇：屈原及宋玉。這兩篇講的都是春秋戰國時代的文學，《古小說鈎沈》裏發生在同一時期裏的《列異傳》關於眉間尺復仇的故事應當是魯迅查閱的材料之一。文獻有「赤鼻」〔註 86〕二字，這一定會刺激極爲敏感的魯迅聯想到有著「赤鼻」的眼前仇人。他在小說中對此大加渲染，被眉間尺按到水底的老鼠，「眼睛也淹在水裏面，單露出一點尖尖的通紅的小鼻子，咻咻地急促地喘氣」，「他近來很有點不大喜歡紅鼻子的人」。魯迅在 1927年 4 月 3 日的日記裏寫下「作《眉間赤》訖」，將「尺」誤寫作「赤」，這可能不是筆誤，而是對引發其小說創作關鍵字眼的別樣呈現。

在國民革命時代風潮的感召下，魯迅內心的復仇情結得以點燃。來自越地的復仇傳統，身歷的血的教訓所凝結的鬥爭哲學，對自己的仇人顧頡剛及其所代表的敵對勢力研究系的痛恨，最終在寂靜的夜晚與古老的復仇故事相遇，成就了《鑄劍》的寫作。

三、《鑄劍》的文本內涵

「在一個最大的社會改變的時代，文學家不能做旁觀者」。〔註 87〕在國民革命風潮的鼓動下，魯迅開始創作《鑄劍》。但在寫作的過程中，於國民革命

〔註 81〕 《261004　致許廣平》，《魯迅全集》第 11 卷，第 565 頁。
〔註 82〕 《華蓋集續編・廈門通信（三）》，《魯迅全集》第 3 卷，第 413 頁。
〔註 83〕 《261020　致許廣平》，《魯迅全集》第 11 卷，第 579 頁。
〔註 84〕 《261004　致許廣平》，《魯迅全集》第 11 卷，第 565 頁。
〔註 85〕 《261015　致許廣平》，《魯迅全集》第 11 卷，第 573 頁。
〔註 86〕 魯迅校錄《古小說鈎沈》，濟南：齊魯書社 1997 年版，第 82 頁。
〔註 87〕 《三閒集・在鐘樓上》，《魯迅全集》第 4 卷，第 36 頁。

有貢獻的創作目的卻漸漸隱退，自己的血肉越來越多地裸現出來。特別是到廣州以後產生的失望，催發著他將自己內心最隱秘的生命詩學盡情地在小說中展現出來。魯迅可以大無畏地將對社會現實的思考在小說和雜文中表達出來，但對自己的人生觀卻不輕易表露。他自認為：「我的思想太黑暗，但是究竟是否真確，不得而知，所以只能在自身試驗，不能邀請別人。」〔註88〕「我自然不想太欺騙人，但也未嘗將心裏的話照樣說盡，大約只要看得可以交卷就算完。我的確時時解剖別人，然而更多的是更無情地解剖我自己，發表一點，酷愛溫暖的人物已經覺得冷酷了，如果全露出我的血肉來，末路正不知要到怎樣。」〔註89〕真實隱秘的想法曾在《野草》裏有所表露，但非常隱晦。魯迅在編《魯迅自選集》時將《墓碣文》、《頹敗線的顫動》、《復仇》、《復仇（其二）》這些最能坦露心聲的篇章全部不予收錄，「將給讀者一種『重壓之感』的作品，卻特地竭力抽掉了。」〔註90〕但他卻將《鑄劍》收錄進來。對比壓抑低沉的《野草》，《鑄劍》激揚酣暢，魯迅將內在的生命觀隱含於一個古老的復仇故事之下，以明白曉暢的形式，表達了最為真實的對於社會和自我的思索。

魯迅在給許廣平的信中寫道：「我的意見原也不容易了然，因為其中本有著許多矛盾，教我自己說，或者是『人道主義』與『個人的無治主義』的兩種思想的消長起伏罷。所以我忽而愛人，忽而憎人；做事的時候，有時確為別人，有時卻為自己玩玩，有時則竟因為希望將生命從速消磨，所以故意拚命的做。」〔註91〕《鑄劍》集中展現了這兩種思想的起伏消長。一二節寫於懷揣夢想的廈門，更多地包含了魯迅對於新生的期許，風格高昂激揚，是「為人」的創作，人道主義的影響占上風。三四節寫於夢想破滅後的廣州，小說從向仇人復仇轉變到向庸眾復仇，向自我復仇，酣暢淋漓地表達了對毀滅和死亡的迷戀。「我的漸漸傾向個人主義」〔註92〕使得個人的無治主義在小說的後半部分影響甚大。

廈門時期的魯迅心懷夢想，《鑄劍》的一二節寫出了宏偉壯麗的氣象，文氣裏帶有一股震撼人心的氣勢，格調昂揚向上。試看長劍出爐時的描寫：

〔註88〕《250530　致許廣平》，《魯迅全集》第 11 卷，第 493 頁。
〔註89〕《墳·寫在〈墳〉後面》，《魯迅全集》第 1 卷，第 299～300 頁。
〔註90〕《南腔北調集·〈自選集〉自序》，《魯迅全集》第 4 卷，第 470 頁。
〔註91〕《250530　致許廣平》，《魯迅全集》第 11 卷，第 493 頁。
〔註92〕《261216　致許廣平》，《魯迅全集》第 11 卷，第 657 頁。

> 當最末次開爐的那一日，是怎樣地駭人的景象呵！嘩拉拉地騰
> 上一道白氣的時候，地面也覺得動搖。那白氣到天半便變成白雲，
> 罩住了這處所，漸漸現出緋紅顏色，映得一切都如桃花。

奇妙的是，眉間尺的父親接下來說：「你只要看這幾天的景象，就明白無論是誰，都知道劍已煉就的了。」這哪裏是在描寫長劍出爐的景象，分明是在描寫國民革命給當時的中國帶來的氣象。再看寶劍被挖出來的場景：

> 窗外的星月和屋裏的松明似乎都驟然失了光輝，惟有青光充塞
> 宇內。那劍便溶在這青光中，看去好像一無所有。

這兩處描寫無不透露一種攝人心魄的宏大氣象。很難想像，這樣的場景能從悲觀絕望、情緒低沉的作者筆下流出。能寫出這樣的文字，作者的內心一定是充滿活動跳躍的烈焰。

國民革命的風起雲湧激活了魯迅早年在《破惡聲論》、《摩羅詩力說》、《文化偏至論》等論文裏所設想的立人理想。首先要有「不和眾囂，獨具我見」的啟蒙戰士，然後還需「厥心純白」的「向上之民」，[註93] 二者的結合方可以造就人國。[註94] 在《鑄劍》裏，黑衣人便是特立獨行的先覺者，眉間尺則是善良勇敢的青年，兩者合一，化為向國王復仇的利劍。這樣的設計和魯迅前一階段的經歷密切相關。在女師大風潮和三一八慘案中，魯迅與許廣平等年輕人一起並肩戰鬥。他在《記念劉和珍君》裏寫道：「我目睹中國女子的辦事，是始於去年的，雖然是少數，但看那幹練堅決，百折不回的氣概，曾經屢次為之感歎。至於這一回在彈雨中互相救助，雖殞身不恤的事實，則更足為中國女子的勇毅，雖遭陰謀秘計，壓抑至數千年，而終於沒有消亡的明證了。」[註95] 這樣的稱讚自然也可以用到劉和珍的同學許廣平身上。魯迅在給許廣平的信中稱：「我覺得現在 HM 比我有決斷得多」。[註96] 這是魯迅在新的青年中發現的力量，也是期許的中國的希望所在。但另一方面，面對殘忍的統治者，青年人畢竟缺少必要的手段和智謀。魯迅在給許廣平的信中寫道：「本校學生民黨不過三十左右，其中不少是新加入者，昨夜開會，我覺得他們都不經訓練，不深沉，甚至於連暗暗取得學生會以供我用的事情都不

〔註93〕《集外集拾遺補編‧破惡聲論》，《魯迅全集》第 8 卷，第 27～32 頁。

〔註94〕參見張全之：《從施締納到阿爾志跋綏夫 —— 論無政府主義對魯迅思想與創作的影響》，《魯迅研究月刊》2007 年第 11 期。

〔註95〕《華蓋集續編‧記念劉和珍君》，《魯迅全集》第 3 卷，第 293～294 頁。

〔註96〕《261128　致許廣平》，《魯迅全集》第 11 卷，第 635 頁。

知道，眞是奈何奈何。開一回會，徒令當局者注意，那夜反民黨的職員卻在門外竊聽」。〔註97〕眉間尺的勇氣和犧牲精神固然是復仇的必要條件，但面對狡猾強大的敵人，如果沒有老辣精悍的黑衣人施以援手，則達不到復仇的目的。由此可見，魯迅在廈門開始的《鑄劍》一二節的寫作，不僅是對內心復仇情結的激活，也是對早期立人理想的恢復。

　　《鑄劍》三四節的風格由一二節的昂揚向上轉爲諧謔調侃，宏大風格消解於無形。魯迅「抱著和愛而一類的夢，到了廣州」〔註98〕，但得到的卻是失望。「在他處，聽得人說如何如何，迨來一看，還是舊的，不過有許多工會而已，並不怎樣特別。」〔註99〕「廣東比起舊的社會，沒有什麼特別的情形，並不見得有兩樣。我只感覺著廣東是舊的」。〔註100〕不僅人們的思想沒有變化，而且魯迅還以所見產生著對本抱有希望的青年的幻滅。據徐彬如回憶，「有一次我們開會，『左派青年團』來挑釁搗亂，雙方爭了起來，他們竟把禮堂周圍的小樹都拔出來打我們。魯迅看見非常氣憤。」〔註101〕雖然廣州四一五清黨事件還沒有發生，他還沒有看到後來的「同是青年，而分成兩大陣營，或則投書告密，或則助官捕人」，〔註102〕但眼前的場景一定是他所不樂意見到的。就像魯迅本來打算寫作的長篇小說《楊貴妃》一樣，到了西安，「不但甚麼印象也沒有得到，反而把我原有的一點印象也打破了！」〔註103〕經歷了「抱著夢幻而來，一遇實際，便被從夢境放逐了，不過剩下些索漠」，〔註104〕魯迅的心態變得頹唐起來，《鑄劍》高昂激揚的風格自然無法繼續。對國王的復仇已經沒有意義，他要向社會復仇，向自我復仇，用造化造就而社會毫不珍惜的生命在沸騰的金鼎裏且做一場最神奇的團圓舞，在那「堂哉皇哉兮噯噯唷」的「猥褻小調」〔註105〕裏對生命調侃戲謔一番。

〔註97〕《261126　致許廣平》，《魯迅全集》第 11 卷，第 632 頁。

〔註98〕《三閒集・在鐘樓上》，《魯迅全集》第 4 卷，第 31 頁。

〔註99〕《270126　致韋素園》，《魯迅全集》第 12 卷，第 16 頁。

〔註100〕林霖記《魯迅先生的演說——在中山大學學生會歡迎會席上》，《1913～1983魯迅研究學術論著資料彙編》第 1 卷，第 266 頁。

〔註101〕徐彬如：《回憶魯迅一九二七年在廣州的情況》，《魯迅回憶錄：散篇》（上冊），第 507～508 頁。

〔註102〕《三閒集・序言》，《魯迅全集》第 4 卷，第 5 頁。

〔註103〕孫伏園：《魯迅先生二三事》，《魯迅回憶錄：專著》（上冊），第 91 頁。

〔註104〕《三閒集・在酒樓上》，《魯迅全集》第 4 卷，第 33 頁。

〔註105〕《360328　致增田涉》，《魯迅全集》第 14 卷，第 386 頁。

　　魯迅在《復仇》裏曾將生命的大歡喜分爲「生命的沉酣的大歡喜」和「生命的飛揚的極致的大歡喜」。前者是「各以這溫熱互相蠱惑，煽動，牽引，拚命地希求偎倚，接吻，擁抱」。這樣人與人之間的溫暖相愛，自是與當時的中國無緣。倘如此的「大歡喜」不可得，則只能尋求後者。這是一種「死亡的大歡喜」，是一種「毀滅的大歡喜」。「但倘若用一柄尖銳的利刃，只一擊，穿透這桃紅色的，菲薄的皮膚，將見那鮮紅的熱血激箭似的以所有溫熱直接灌溉殺戮者；其次，則給以冰冷的呼吸，示以淡白的嘴唇，使之人性茫然，得到生命的飛揚的極致的大歡喜；而其自身，則永遠沉浸於生命的飛揚的極致的大歡喜中」。那「裸著全身，捏著利刃，對立於廣漠的曠野之上」的「他們倆」以自己的「然而也不擁抱，也不殺戮，而且也不見有擁抱或殺戮之意」完成著對於「要賞鑒這擁抱或殺戮」的路人的復仇，使他們「終至於面面相覷，慢慢走散；甚而至於居然覺得乾枯到失了生趣」。〔註106〕然而這既不擁抱，也不殺戮的狀態，魯迅自己也認爲，「但此亦不過憤激之談，該二人或相愛，或相殺，還是照所欲而行的爲是。」〔註107〕於是他又作了《復仇（其二）》。人之子被眾人釘殺，他拒絕喝用沒藥調和的酒來減輕痛苦。「他在手足的痛楚中，玩味著可憫的人們的釘殺神之子的悲哀和可咒詛的人們要釘殺神之子，而神之子就要被釘殺了的歡喜。突然間，碎骨的大痛楚透到心髓了，他即沉酣於大歡喜和大悲憫中。」〔註108〕《鑄劍》即沿著《復仇（其二）》中的復仇路數繼續前進，並從向庸眾復仇推進到向自我復仇的更深層次。

　　《鑄劍》三四節表達了對於「死亡的大歡喜」。它承繼《野草》而來，展現了對於死亡的獨特體悟。「過去的生命已經死亡。我對於這死亡有大歡喜，因爲我藉此知道它曾經存活。死亡的生命已經朽腐。我對於這朽腐有大歡喜，因爲我藉此知道它還非空虛。」這種在死亡中感受生命存在的方式，是對國人善於以「瞞和騙」造出各種奇妙出路的反動，是對以忘卻作爲前導的苟活的生存狀態的反叛。魯迅對於這樣能夠給他帶來切實生命存在感的死亡熱烈擁抱，「但我坦然，欣然。我將大笑，我將歌唱。」〔註109〕魯迅在 1926 年 4 月 8 日段祺瑞政府槍擊徒手民眾後作《淡淡的血痕中》。他在文中譴責造物主

〔註106〕　《野草·復仇》，《魯迅全集》第 2 卷，第 176～177 頁。

〔註107〕　《340516　致鄭振鐸》，《魯迅全集》第 13 卷，第 105 頁。

〔註108〕　《野草·復仇（其二）》，《魯迅全集》第 2 卷，第 179 頁。

〔註109〕　《野草·題辭》，《魯迅全集》第 2 卷，第 163 頁。

是一個怯弱者，專為人類中和他一樣怯弱的人設想，「用廢墟荒墳來襯托華屋，用時光來沖淡苦痛和血痕；日日斟出一杯微甘的苦酒，不太少，不太多，以能微醉為度，遞給人間，使飲者可以哭，可以歌，也如醒，也如醉，若有知，若無知，也欲死，也欲生。他必須使一切也欲生；他還沒有滅盡人類的勇氣。」這種半死不活的生存狀態，就是魯迅描寫的細腰蜂所造的供它慢慢品味的小青蟲的生存狀態，就是《鑄劍》裏那些奴才、大臣、王妃的生存狀態。庸眾們「咀嚼著人我的渺茫的悲苦的辯解，而且悚息著靜待新的悲苦的到來。新的，這就使他們恐懼，而又渴欲相遇。」〔註110〕試看《鑄劍》裏眾人觀看眉間尺與國王在鼎底嘶咬的場面，當眉間尺被國王咬定不放並且連連蠶食進去，「連鼎外面也彷彿聽到孩子的失聲叫痛的聲音」，「上自王后，下至弄臣，駭得凝結著的神色也應聲活動起來，似乎感到暗無天日的悲哀，皮膚上都一粒一粒地起粟；然而又夾著秘密的歡喜，瞪了眼，像是等候著什麼似的。」造物者需要這樣的良民來為自己無聊的內心增添調味品，就像《鑄劍》裏的國王需要用各種把戲來為自己解悶一樣。如果仍覺得毫無意味，「他常常要發怒；一發怒，便按著青劍，總想尋點小錯處，殺掉幾個人。」魯迅痛恨這樣的生存狀態，他要尋求別樣的生活。他要「為我自己，為友與仇，人與獸，愛者與不愛者，我希望這野草的死亡與朽腐，火速到來。要不然，我先就未曾生存，這實在比死亡與朽腐更其不幸。」〔註111〕他期待「叛逆的猛士出於人間；他屹立著，洞見一切已改和現有的廢墟和荒墳，記得一切深廣和久遠的苦痛，正視一切重疊淤積的凝血，深知一切已死，方生，將生和未生。他看透了造化的把戲；他將要起來使人類蘇生，或者使人類滅盡，這些造物主的良民們。」〔註112〕中國人一向忌諱毀滅，而魯迅偏要讓一切毀滅，當然在這毀滅裏蘊含著新生的希望，就像那墓碣上僅存的有限的文句：「於浩歌狂熱之際中寒；於天上看見深淵。於一切眼中看見無所有；於無所希望中得救。」〔註113〕

　　魯迅在「死亡的大歡喜」裏表現了對社會和自我的雙重厭棄。到了廈門，他對以前翻譯的《工人綏惠略夫》重新校改，打算再另印一回。魯迅在回憶

〔註110〕《野草‧淡淡的血痕中》，《魯迅全集》第2卷，第226頁。
〔註111〕《野草‧題辭》，《魯迅全集》第2卷，第164頁。
〔註112〕《野草‧淡淡的血痕中》，《魯迅全集》第2卷，第226～227頁。
〔註113〕《野草‧墓碣文》，《魯迅全集》第2卷，第207頁。

自己當初翻譯這篇小說的動機時說：「覺得民國以前，以後，我們也有許多改革者，境遇和綏惠略夫很相像，所以借借他人的酒杯罷。然而昨晚上一看，豈但那時，譬如其中的改革者的被迫，代表的吃苦，便是現在，——便是將來，便是幾十年以後，我想，還要有許多改革者的境遇和他相像的。」〔註114〕魯迅當時的境遇和綏惠略夫頗相似。「我先前何嘗不出於自願，在生活的路上，將血一滴一滴地滴過去，以飼別人，雖自覺漸漸瘦弱，也以為快活。而現在呢，人們笑我瘦了，除掉那一個人之外。連飲過我的血的人，也都在嘲笑我的瘦了，這實在使我憤怒。」〔註115〕黑衣人原先也是像眉間尺一樣「厥心純白」的少年，但「人我所加的傷」使他在社會中無法存身，變成流浪於天地間的行者。他所樂於的復仇與綏惠略夫式的復仇有相似之處，並不要什麼目的，只為復仇而復仇，甚至是為了遊戲而復仇。在血腥殘酷的烹煮中，在庸眾的觀看中，得到「痛入骨髓的大歡喜」。那荒原上的大狼，「第一口撕盡了眉間尺的青衣，第二口便身體全都不見了，血痕也頃刻舐盡，只微微聽得咀嚼骨頭的聲音。」在如此淋漓盡致的毀滅中，魯迅的靈魂一定是得到了極大的快意。他曾寫道：「假使我的血肉該喂動物，我情願喂獅虎鷹隼」，「養肥了獅虎鷹隼，它們在天空，岩角，大漠，叢莽裏是偉美的壯觀，捕來放在動物園裏，打死製成標本，也令人看了神旺，消去鄙吝的心。」〔註116〕他討厭充滿媚態的貓和充滿奴性的狗，討厭半死不活的紳士君子。這還只是對於社會方面，即使對於親情、愛情、婚姻、家庭，魯迅也有著自己的獨特思考。對於母親，他一方面是孝的典範，另一方面則深知其苦。他多次寫道：「失母則強」，〔註117〕「我有時很想冒險，破壞，幾乎忍不住，而我有一個母親，還有些愛我，願我平安，我因為感激他的愛，只能不照自己所願意做的做，而在北京尋一點糊口的小生計，度灰色的生涯。」〔註118〕「中國的家族制度，真是麻煩，就是一個人關係太多，許多時間都不是自己的。」〔註119〕對於愛情，魯迅是嚮往的。但在與許廣平最熱烈的戀愛期間，他卻寫下了充滿對愛情置疑的《傷逝》和《奔月》。「我也漸漸清醒地讀遍了她的身體，她的靈魂，

〔註114〕 《華蓋集續編・記談話》，《魯迅全集》第 3 卷，第 375～376 頁。
〔註115〕 《261216　致許廣平》，《魯迅全集》第 11 卷，第 657 頁。
〔註116〕 《且介亭雜文末編・半夏小集》，《魯迅全集》第 6 卷，第 619 頁。
〔註117〕 《180820　致許壽裳》，《魯迅全集》第 11 卷，第 365 頁。
〔註118〕 《250411　致趙其文》，《魯迅全集》第 11 卷，第 477 頁。
〔註119〕 《350319　致蕭軍》，《魯迅全集》第 13 卷，第 415 頁。

不過三星期，我似乎於她已經更加瞭解，揭去許多先前以爲瞭解而現在看來卻是隔膜，即所謂眞的隔膜了。」〔註120〕「你去問問去，誰家是一年到頭只吃烏鴉肉的炸醬麵的？我眞不知道是走了什麼運，竟嫁到這裡來，整年的就吃烏鴉的炸醬麵！」「看看嫦娥，兀自攤開了四肢沉睡著。」〔註121〕這些句子一下子便將慣常人們對愛情的信仰消解於無形，將男女兩性之間的千年神話打出原形，其實不過是走得很近的陌生人。魯迅在給好友李秉中的信中曾談及婚姻：「結婚之後，也有大苦，有大累，怨天尤人，往往不免」。〔註122〕許廣平言及和魯迅吵架時，他總是一聲不吭，有時躺到陽臺上去。許廣平願意魯迅打她、罵她，因爲這是將她當作對手。但這無言卻是勝於打罵的酷刑，因爲並不將其作爲對手。當他獨自一人躺在冰涼的陽臺上，內心在想些什麼呢？與信奉多子多孫多富貴的國人不同，魯迅和許廣平在人生計劃裏不要孩子，孩子是意外的產物。當許廣平難產時，他對醫生的叮囑是保大人。這也是與母以子貴的傳統迥異的。至於家庭，他在年輕時，也曾將其看作溫暖的港灣，費盡心力買下八道灣給一家人住，並將全部收入交給全家使用，但最終卻被趕了出來。拋棄這一切外在的累，拒絕接受小女孩的布施，因爲不願靈魂加上這善意的重擔。「倘使我得到了誰的布施，我就要像兀鷹看見死屍一樣，在四近徘徊，祝願她的滅亡，給我親自看見；或者咒詛她以外的一切全都滅亡，連我自己，因爲我就應該得到咒詛」。〔註123〕因爲這些貌似溫暖的東西，會讓他失去繼續行走的力量。

魯迅有著深深的自毀意識。他將自己定位爲歷史中間物，認爲自己來自舊營壘，自己的白話不是眞正的白話，裏面加了很多的文言。他希望自己的文字甚至包括自己從速滅亡，以此證明時代的進步。魯迅以「貓頭鷹」、「梟」等自比，發出惡聲，預見了眞實。這是他所不願見到的，如果能迎來新的生活和新的人，他樂於眼見自己的滅亡。不僅如此，魯迅發現自己「苦於背了這些古老的鬼魂，擺脫不開，時常感到一種使人氣悶的沉重。就是思想上，也何嘗不中些莊周韓非的毒，時而很隨便，時而很峻急」。〔註124〕「我也常常想到自殺」，「我自己總覺得我的靈魂裏有毒氣和鬼氣，我極憎惡他，想除去

〔註120〕《彷徨・傷逝》，《魯迅全集》第2卷，第117～118頁。
〔註121〕《故事新編・奔月》，《魯迅全集》第2卷，第371～373頁。
〔註122〕《280409　致李秉中》，《魯迅全集》第12卷，第113頁。
〔註123〕《野草・過客》，《魯迅全集》第2卷，第197頁。
〔註124〕《墳・寫在〈墳〉後面》，《魯迅全集》第1集，第301頁。

他，而不能。我雖然竭力遮蔽著，總還恐怕傳染給別人」。〔註125〕《鑄劍》裏
那自割其頭在沸騰的金鼎裏與仇敵嘶咬的場景，有著對厭棄的自我毀滅的意
味。眉間尺為了取仇人的頭割下了自己的頭，黑衣人割下了自己的頭幫助眉
間尺完成鼎底裏的嘶咬，除了幫助眉間尺，黑衣人自割其頭進入沸湯也是拒
絕和周圍的王妃、大臣、奴才同為看客的角色。國王最愛看的是以年輕人的
生命為代價編織的最神奇的團圓舞，並且是以架起爐火煮沸金鼎的酷虐方式
進行。就像魯迅所說：「無論討赤軍，討革軍，倘捕到敵黨的有智識的如學生
之類，一定特別加刑，甚於對工人或其他無智識者。為什麼呢，因為他可以
看見更銳敏微細的痛苦的表情，得到特別的愉快」。〔註126〕黑衣人不僅拒絕做
看客，而且還要在這種烹煮中欲食其味。魯迅在《墓碣文》裏寫道：「抉心自
食，欲知本味。創痛酷烈，本味何能知？」〔註127〕那裡的「抉心自食」變為
了這裡的「自斷其頭」以烹煮之。向自我靈魂的深處拷問是魯迅一以貫之的
信條，甚至不惜以毀滅自我的方式進行。

　　魯迅在《鑄劍》裏表現的對社會和自我的雙重厭棄和毀滅，既有著綏惠
略夫的影子，但又與他「一切是仇仇，一切都破壞」〔註128〕不同。魯迅在將
黑衣人、眉間尺、國王三人的頭顱共同埋葬時對新生寄予希望。這源於他對
中國歷史和現實的認識。魯迅在創作《鑄劍》一周前所作的《記談話》裏寫
道：「中國向來有別一種破壞的人，所以我們不去破壞的，便常常受破壞。我
們一面被破壞，一面修繕著，辛辛苦苦地再過下去。」「中國的文明，就是這
樣破壞了又修補，破壞了又修補的疲乏傷殘可憐的東西。」〔註129〕在這樣的
循環中，中國總是沒有進步與希望。經過更多的落敗和失望，魯迅認為中國
的改革者不僅需要發出呼聲，勇於任事，還要有與舊勢力一同毀滅的勇氣。「黑
暗只能附麗於漸就滅亡的事物，一滅亡，黑暗也就一同滅亡了，它不永久。
然而將來是永遠要有的，並且總要光明起來；只要不做黑暗的附著物，為光
明而滅亡，則我們一定有悠久的將來，而且一定是光明的將來。」〔註130〕陳
天華捐軀蹈海，譚嗣同我自橫刀，欲以一腔熱血喚醒國人。魯迅年輕時也寫

〔註125〕　《240924　致李秉中》，《魯迅全集》11卷，第453頁。
〔註126〕　《而已集・答有恒先生》，《魯迅全集》第3卷，第474頁。
〔註127〕　《野草・墓碣文》，《魯迅全集》第2卷，第207頁。
〔註128〕　《華蓋集續編・記談話》，《魯迅全集》第3卷，第376頁。
〔註129〕　《華蓋集續編・記談話》，《魯迅全集》第3卷，第376～377頁。
〔註130〕　《華蓋集續編・記談話》，《魯迅全集》第3卷，第378頁。

下「我以我血薦軒轅」，但他沒有採取以死覺民的方式，而是提倡韌性的「壕
塹戰」。暫且保存這肉身，既向舊勢力反抗，以自己的文字給他們的太平世界
一個不舒服，也將解剖刀無情地指向自己，向靈魂的深處開掘，「抉心自食」，
「自斷其頭」，以大無畏的勇氣直面社會和內心中他人不忍且不能直視的殘酷
的真實，敢於直面淋漓的鮮血。這是魯迅認同的自我毀滅的價值和意義所在。
但他對這毀滅中孕育的將來亦無自信，眼見的只有庸眾的狂歡，於是就有了
《鑄劍》裏晦暗不明難以辯解的四首歌曲。

　　小說裏的四首歌曲，是魯迅提到為數不多的對於《鑄劍》的解釋。他在
給增田涉的信中寫道：「在《鑄劍》裏，我以為沒有什麼難懂的地方。但要注
意的，是那裡面的歌，意思都不明顯，因為是奇怪的人和頭顱唱出來的歌，
我們這種普通人是難以理解的。」〔註131〕這裡不乏自我得意的意味，說其他
人不懂尚可，但作為作者的魯迅怎麼可能不懂呢？合理的解釋只能是他不願
意將自己內心的想法表達出來，或者認為即使說出來，也不能為周圍的人理
解，所以乾脆不說。如果只從歌詞釋意，恐怕難以通達魯迅的內心。歌是用
來唱的，玄妙之處在於旋律和節奏。在那多是沒有明確所指的擬聲詞中，在
黑衣人高亢尖利的歌唱中，傳達出來的是響徹天底間孤獨但又極具力量的悲
叫，是真的猛士出於人間的狂嘯，裏面包含著對眉間尺毫不猶豫以命相捨的
感激，對即將得以手刃仇敵的快意，對年輕生命毀滅的痛惜。這歌聲和《孤
獨者》裏魏連殳的哭聲相似，「忽然，他流下淚來了，接著就失聲，立刻又變
成長嚎，像一匹受傷的狼，當深夜在曠野中嗥叫，慘傷裏夾雜著憤怒和悲哀。」
〔註132〕這歌聲和《頹敗線的顫動》中老女人「口唇間漏出人與獸的，非人間
所有，所以無詞的言語」相似。在這樣無詞的言語中，在這非人間所有的歌
聲中，「於一剎那間照見過往的一切：飢餓，苦痛，驚異，羞辱，歡欣，於是
發抖；害苦，委屈，帶累，於是痙攣；殺，於是平靜。……又於一剎那間將
一切併合：眷念與決絕，愛撫與復仇，養育與殲除，祝福與咒詛……」。〔註
133〕這歌聲是《墓碣文》裏就在我要離開時，「死屍已在墳中坐起，口唇不動，
然而說——『待我成塵時，你將見我的微笑！』」〔註134〕一為歌聲，一為嚎

〔註131〕《360328　致增田涉》，《魯迅全集》第 14 卷，第 386 頁。
〔註132〕《彷徨・孤獨者》，《魯迅全集》第 2 卷，第 90〜91 頁。
〔註133〕《野草・頹敗線的顫動》，《魯迅全集》第 2 卷，第 211 頁。
〔註134〕《野草・墓碣文》，《魯迅全集》第 2 卷，第 207〜208 頁。

叫，一爲言語，表達方式的差異緣於魯迅創作時心境的不同，含義則是相似的。用嚎叫和言語表達不能表達的內容時，魯迅的心境是頹唐的，生命和時間對他來說沒有意義。這些嚎叫和言語姑且就作爲自己的墓碣文吧。但《鑄劍》時期的魯迅改變了自己的人生設計，許廣平的愛情和國民革命帶來的新氣象，使得他的內心燃起了些許的亮色。即使同樣表達內心裏幽暗的思想和情感，也是以高昂激越的歌聲來表達。嚎叫和言語純粹是要與舊時光一同滅亡，這歌聲裏卻蘊含著對過去的訣別和對新生的嚮往。「堂哉皇哉兮嚡嚡唷」，眉間尺發出的「猥褻小調」是對無聊麻木的看客惡意的嘲弄，也是聳身放下一切「姑且玩玩」〔註135〕的得意。這是一種向死而生的無奈選擇，既然在生中得不到樂趣，那麼就在自我毀滅中尋求存在感。就像魯迅所說：「我自己對於苦悶的辦法，是專與苦痛搗亂，將無賴手段當作勝利，硬唱凱歌，算是樂趣」。〔註136〕

　　《鑄劍》對自我內心深處生命詩學的表達，對於早期《吶喊》、《彷徨》等所謂的啓蒙小說既形成了一種互文關係，也構成了一種反動。對啓蒙有效性的質疑在《彷徨》裏已經開始，「技術雖然比先前好一些，思路也似乎較無拘束，而戰鬥的意氣卻冷得不少。」〔註137〕《在酒樓上》、《孤獨者》、《傷逝》等篇以啓蒙者在現實中的尷尬處境表達了對先前信奉理想的懷疑。《鑄劍》徹底回到個人本身，通過對個人內心最眞實感受的內省和展露，對作者歷經的自辛亥革命以來的各種宏大建構進行著反觀和檢視。在創作《吶喊》時，爲了「聊以慰藉那在寂寞裏奔馳的勇士，使他不憚於前驅」，〔註138〕「於是刪削些黑暗，裝點些歡容，使作品比較的顯出若干亮色」。〔註139〕《鑄劍》不僅不給人們以絲毫實際上並不存在的希望，而且在小說的結尾表達了復仇精神消散在庸眾中的無奈。魯迅在1936年2月17日給徐懋庸的信中寫道：「《鑄劍》的出典，現在完全忘記了，只記得原文大約二三百字，我是只給鋪排，沒有改動的。」〔註140〕魯迅輯的《古小說鈎沈》裏的《列異傳》中關於眉間尺的

〔註135〕 《270919　致章廷謙》，《魯迅全集》第12卷，第70頁。
〔註136〕 《19250311　致許廣平》，《魯迅全集》第11卷，第462頁。
〔註137〕 《南腔北調集・〈自選集〉自序》，《魯迅全集》第4卷，第469頁。
〔註138〕 《吶喊・自序》，《魯迅全集》第1卷，第441頁。
〔註139〕 《南腔北調集・〈自選集〉自序》，《魯迅全集》第4卷，第469頁。
〔註140〕 《360217　致徐懋庸》，《魯迅全集》第14卷，第30頁。

故事寫道：「三頭悉爛，不可分別，分葬之，名曰三王冢。」〔註141〕雖然面目已不可分別，但他們死後仍然各有各的墓碑。無言的碑文和有聲的傳說使得他們各自的精魂得以在天地永存。魯迅連這最後的希望也徹底打滅，「將三個頭骨都和王的身體放在金館裏落葬」，統歸於虛無。魯迅的消解是徹底的，不僅沒有像在《藥》中那樣憑空給夏瑜的墳前添一個花環，而且將文獻中的「三頭分葬」故意改為「三頭合葬」，最後連各自的身份和角色都無法獨立保留，剩下的只有庸眾的狂歡，復仇的意義也蕩然無存。這可以看成是對當年添花環寫作不滿的一個並不算遙遠的回應。

餘 論

在《鑄劍》之後，魯迅又一次經歷了由青年人的血寫就的幻滅。他甚至認為：「我就是做這醉蝦的幫手，弄清了老實而不幸的青年的腦子和弄敏了他的感覺，使他萬一遭災時來嘗加倍的苦痛，同時給憎惡他的人們賞玩這較靈的苦痛，得到格外的享樂」，「我自己也幫助著排筵宴」。〔註142〕這是魯迅在五四時期與錢玄同討論鐵屋子的繼續，並且在國民革命的親眼所見中，證實了自己鼓動青年人向舊社會攻擊搗亂的無效，只能是白白犧牲掉許多寶貴的生命。經歷了這番夢幻破滅的魯迅，「立意要不講演，不教書，不發議論，使我的名字從社會上死去，算是我的贖罪」。〔註143〕但他並非就此一事不做，絕對頹唐下去，他依然要抗爭，繼續他「反抗絕望」的生命詩學。

當疾病一步步吞噬魯迅的健康，生命即將走到盡頭，當從昏厥中醒來時，他所求的只是希望最親密的伴侶拿燈照一照，讓他四處看一看，藉此證明自己的存在。但她似乎並不能理解他的用心，他有點生氣。可以想像，當時的魯迅是多麼孤獨！他所剩的也就只有回憶，像在廈門時那樣，回憶那「對人很和氣，對我也很和氣，不教我念一句經，也不教我一點佛門規矩」〔註144〕的龍師父；回憶那「帶復仇性的，比別的一切鬼魂更美，更強」〔註145〕的女

〔註141〕魯迅校錄《古小說鉤沈》，第82頁。
〔註142〕《而已集・答有恒先生》，《魯迅全集》第3卷，第474頁。
〔註143〕《三閒集・通信（並Y來信）》，《魯迅全集》第4卷，第100頁。
〔註144〕《且介亭雜文末編・我的第一個師父》，《魯迅全集》第6卷，第597頁。
〔註145〕《且介亭雜文末編・女弔》，《魯迅全集》第6卷，第637頁。

弔；回憶那「七被追捕，三入牢獄，而革命之志，終不屈撓」〔註146〕的太炎先生。「魯迅臨死前二日 —— 十月十七日下午在日本作家鹿地亘的寓所，也談到這『女弔』，這可稱魯迅的最後談話」。〔註147〕奇妙的是，作為自認為是最能代表紹興特色的兩種鬼 ——「無常」和「女弔」，在魯迅筆下的命運卻很不相同。那個「表現對於死的無可奈何，而且隨隨便便的『無常』」，〔註148〕他不僅在廈門時就將其寫出，而且還親自為其畫像。但魯迅直到臨死前的一個月才將女弔寫出。魯迅在編《且介亭雜文末編》時沒有將《女弔》放入其中，而是和《半夏小集》、《這也是生活》、《死》這樣極具個人色彩的文章「另外保存」〔註149〕。這一定是他內心中極其珍重不輕易示人的寶貝。只是生命即將走到盡頭，如再不寫出就沒有機會了。魯迅在造化安排下的無可擺脫的大寂寞中，將心中的女弔祭出，對自己孤寂的靈魂也算是一種莫大的安慰吧。這個孕育了黑衣人的鬼魂現在對他而言是力量的象徵，是自己意志和靈魂的外化，他要以此來對抗日漸衰弱的病體。但魯迅卻再也不能借助其力量來創造出像黑衣人那樣的新的精魂了，因為像國民革命那樣給生命以希望的時代風潮在此以後他再也沒有遇到過。

〔註146〕《且介亭雜文末編・關於太炎先生二三事》，《魯迅全集》第6卷，第567頁。

〔註147〕許壽裳：《我所認識的魯迅》，《魯迅回憶錄：專著》（上冊），第454頁。

〔註148〕《且介亭雜文末編・女弔》，《魯迅全集》第6卷，第637頁。

〔註149〕《且介亭雜文末編・後記》，《魯迅全集》第6卷，第660頁。